サイゴウさんちって、こんな家族・こんな暮らし

こんにちは。西郷《さいごう》南《み》海《な》子《こ》です。
小中高校生3人の子どもの子育て中!! シングルマザーです。

町に出て、
子どもたちに出会いたいと、
ひとりで駄菓子屋、
はじめちゃいました。

いらっしゃいませ!
お菓子の仕入れは、
こんなにいっぱい!
駄菓子屋さんは、
子どもとおしゃべり
する楽しい時間。

修士論文
執筆時には、
こんな姿も

コロナ禍で
お祭りがなくなった
ときには、自宅を
開放しました。

profile

1987年生まれ。京都大学に通いながら3人の子どもを出産。それぞれおもしろくて個性的な子どもたちに恵まれ、毎日が発見の連続。
現在は、日本学術振興会の特別研究員(PD)として勤めています。研究テーマは、世界大恐慌中にアメリカで行われた芸術政策の「連邦美術計画」です。
子育てはたいへんですが、今では子どもがいるから研究できる!と思っています。

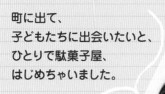

「ファッションは靴から」の信念のもと、定期的に新型スニーカー調べをしています。

ラップなどストリートカルチャーが好き。将来の夢はロサンゼルスに住むことらしいです。

サイゴウ
3きょうだい

球技が大好き、
なんでも来い！

京都大学キャンパス時計台前にて、物理のレッスン／5章5–3参照

Kくん

（2007年生まれ）

中学校ではソフトテニス部キャプテンでした。高校では部活には入らず、高校2年生から10か月間の留学に向けて英語学習に励んでいます。

わたしの母の出身地では、わが子を呼ぶのに「ちゃん・くん」付けが一般的。本書でも、わが家でより自然に感じるふだんどおりの呼び方とさせていただきます。

それぞれに マイウェイ

鴨川沿いを
ランニング

推しは
中央大学
陸上競技部！

ウサギのオムライス。
疲れ果てたママに代
わって、夕ごはんを
作ってくれました！

Uちゃん

（2010年生まれ）

中学から陸上部に入り、小柄ながらも長距離をがんばっています。箱根駅伝の録画を見ながら宿題をすることも多いです。

小学校の卒業式で。京都市では男女問わず、着物を選ぶ子が増えています。

イラストが上手で、相手に合わせたメッセージカードなどが得意です。

将来は何か
新しい理論を
発表したい！

Rくん

（2013年生まれ）

目に見えない理論的な話をするのが好き。でも、ゲームはもっと好き。長期入院中はN天堂のゲームに救われました。気分が乗れば、味わいのある抽象画を描き、地元のギャラリーで、すでに1回目の個展を開きました。物理を愛する芸術家になるのかなあ…。

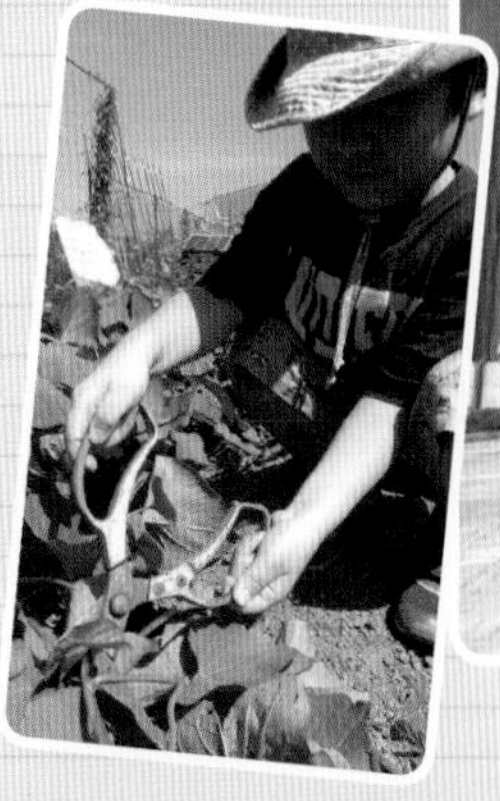

自由研究「せんそうのときのたべもの」おいも掘り、1年生／5章5−2参照

毎日のお弁当

子どもたちの好みは、こまごましたおかずより、Simple is Best!
お弁当の時間はたったの 15 分 !? というのが悩み。

とにかく時間がないとき!

焼きそば

おにぎり

チャーハン

簡単じゃないと続かない!

豚丼

スクランブルオムライス

三色ご飯

たまには豪華に!

鯖の竜田揚げ

韓国風海苔巻き

唐揚げ

京都市の公立中学校では、まだ給食がありません。実現を願いつつ、毎朝キッチンに立っています。

季節のお楽しみ料理

食べるの大好き！

春

華やかに、
楽しく

こどもの日

ひな祭り

冬

緑を
取り入れて、
フレッシュに！

おせち

夏

近所の子も
大喜び

ホームセンターで買ったプラスチック製の雨樋！3m×2 本で、ベランダで本格的流しそうめん。水は 16m のホースでお風呂場から

流しそうめん

おうちで夏祭り

看板は
手書きです！

秋は
誕生日ラッシュ！

秋

毎年
オーダーを
聞いてから
作ります

冬

クリスマス

型抜き
大好きで、
集めています

日本からスタート

過去から未来へ 世界にはばたく

2023年8月。子どもたちと日本からサイパン島、そこからさらに小型機でテニアン島へ。沖縄戦の1年前に激戦の地となったこの島は、陥落後にはB29の出撃拠点となりました。

8月 サイパン島
テニアン島
（北マリアナ諸島
アメリカの自治領）

サイパンもテニアンも珊瑚礁が隆起した島なので、水があまりありません。今でも飲み水は買わなければなりません。戦時中に逃げ惑う人の渇きを想像しました。

5章5-1「『はじまり』をたどる旅──今を生きる子どもたちと戦争」もごらんください。

ここからが
また新たなスタート

そして2023年10月には、ついに広島へ。修学旅行では行かないので、自分たちで行く必要がありました。広島平和記念資料館では、あまりの惨禍に言葉も出ない子どもたちでした。

10月
広島へ

サイパン島
テニアン島

2023年 わが家の学び

サイパン、テニアンには沖縄県出身の人々を中心に、たくさんの日本人移民が暮らしていました。海岸に落ちているガラスや陶器の破片は、移民たちの生活のかけらでもあります。

広島、長崎へ投下された原爆が搭載された格納庫。現在も米軍基地であることからか、とてもこざっぱりしていました。わたしたちのほかに誰もいませんでした。

ギャラリーR

2021年冬、Rくんは白血病を発症し、病院での闘病生活を送ることになりました。Tシャツやバッグにして販売することで、外のみなさんとのつながりを感じていました。

ロシアによるウクライナ侵攻が始まった2022年2月につくったTシャツ。Aの文字がウクライナカラーになっています

2023年８月、初個展では、これまでの作品を、近所のヘアサロンのギャラリースペースで展示してもらいました！

「無題」(入院中、骨髄検査の前に)
８歳７か月

Rくんのイラストを白と黒のトートバッグにプリント

町に出会いをもとめ、子どもの声をさがして

「駄菓子のじゅうえんや、はじめます！」

この本は、わたしが子育てを通じて、いろんなことに気づいたり、学んできたりした記録です。わたしは3人の子どもを出産・育児しながら、京都大学と大学院に通いました。また、勉強を続けるだけでなく、さまざまな社会運動に参加し、自らが生み出した活動もあります。小学校のPTA会長も5年間やりました。こうした「ちょっと変わったママ」のお話です。

わたしの中には、この本で紹介するように、いろいろなアイディアがあるのですが、それはわたしひとりで思いついたものではありません。昔の人がやっていたことのまねだったり、誰かとおしゃべりして思いついたことだっ

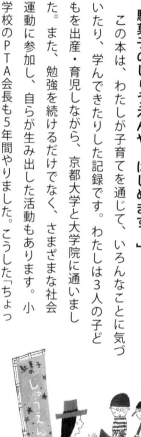

たりします。

このように、ほかの人と関わる中で、自分がどんどん新しくなることを、わたしが研究を続けているアメリカの哲学者ジョン・デューイは、「生き方としての民主主義」と呼んでいます。わたしは、デューイのこの考え方が大好きです。

最大のインスピレーションのもとは子どもたち

そして何より、最大のインスピレーションのもとは子どもたちです。どんなことをしたら子どもが喜ぶかな、どんな体験が子どもに必要かな、と思いをめぐらせます。子どもを育てにくい世の中になったといわれますが、子どもにとっては1回限りの人生です。子どもが自分の人生をフルに楽しめるように、おとなはどんな手伝いをする必要があるでしょうか。子育ては、子どもを自立へと導いていくプロセスです。子どもが大きくなるにつれ、子どもが自分の手から離れていくように感じる瞬間があります。でもそれは、その子自身の自立にとって、きっと正解です。

「子ども」は自分の子どもだけではありません。近所の子ども、地域の子ども、

●じゅうえんやの実施にあたっては、食品衛生や道路交通に関する法律、また広場利用等の地域のルールに則り活動しています。

日本の子ども、世界の子どもが、わたしたちの子どもです。そのように世界をとらえるとき、混乱して見える政治の世界に、スッと1本の筋が通ります。戦争も原発もやっている場合ではないのです。

子どもとは、人間の最も根源的な姿を表すシンボルともいえますね。子どもは、戦争も核も必要としていません。そこから物事を考えてみてはどうでしょう。

駄菓子の「じゅうえんや」へ、さあ、いらっしゃい!

とはいえ、人と人がつながって、心を通わすことが難しい世の中ではあります。子ども支援をしたいと考えながら、子どもとつながることの難しさを感じている方もいらっしゃることと思います。

そんなときは駄菓子の「じゅうえんや」に遊びに来てください。10円玉一つで駄菓子が手に入りますよ。お菓子を食べながらだと話に花が咲きます。お互いに肩の力を抜いて、さあ、いらっしゃい! 見るだけでもどうぞ!

新しい出会いを一緒に味わってみませんか?

西郷南海子

もくじ

3 いのちを生きる 85

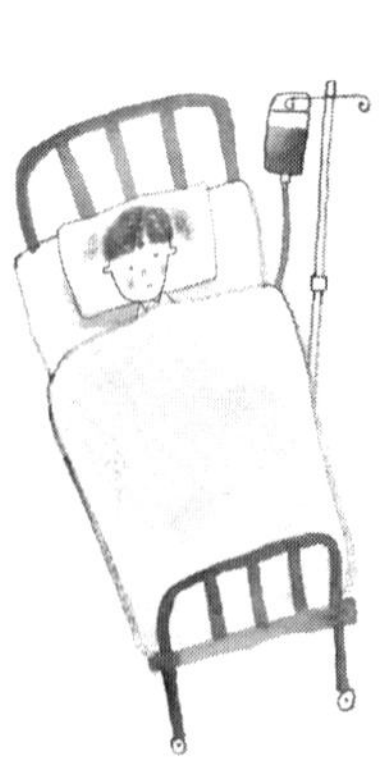

4 市民として育ち合う 121

5 学びは世界に 153

●イラスト：すがわらけいこ
●カバー・本文デザイン：コダシマアコ

1

子どもの「やりたい！」を支える

「どこから生まれてきたの？」「ほーくえん」

末っ子が十分におしゃべりできるようになった頃、果たしてこの子に生まれる前の記憶があるのか知りたくて、「Rくんはどこから来たの？」と聞きました。

すると即座に、驚愕《きょうがく》の答えが……

「ほーくえん！（保育園）」


わたしはロマンチックな回答を期待していただけに、脱力でした。でも、たしかに「いま保育園から帰ってきたところだ…しかも保育園に育ててもらっていると言っても過言ではないし…やっぱり『ほーくえん』から来たんだ…」と思いました。子どもって現実主義者です。

「子どもは遊びが仕事です」

わが家の子どもたちはみな秋生まれで、翌年の4月から保育園に入っています。3人とも、生後半年からお世話になっていることになります。卒園式のしおりには「6年保育」と記されました。小学校の6年間も長いですが、赤ちゃんから5歳までの成長は、まさに人生の土台です。

この保育園に決めたのは、園長先生が「子どもは遊びが仕事です」とおっしゃっていたからでした。子どもという生きものはとても柔軟で、それこそドリルや暗唱なども、やらせればできてしまいます。そうであっても「遊び」を選ぶという姿勢に心打たれました。

子どもにはめいっぱい、今を生きてほしい

わたしがずっと考えていることに「今を生きる」というテーマがあります。わたし自身、目標に燃えるタイプで、受験勉強なども大好きでした。でも、小学校教育の目的を「中学校で勉強についていくため」、中学校教育の目的を「高校でついていくため」…としてしまうと、今を生きる目的が、絶えず先送りされてしまい、今を未来のために消費していることになります。何か価値のあることをしなければダメだというプレッシャーは、おとなの生きづらさにもつながっているように感じます。

そうでなく、自分の子どもたちには、めいっぱい今を生きてほしいと思いながら、接

してきました。子どもの興味を大事にしようと。でも、何をどこまでOKとするかは難しいですよね。アイスが大好きだからと言って、山ほど食べていいわけではないし…ゲームだってどこで区切れば…。

子どもを信じる中に生まれた「満腹主義」

でも、はるか昔に、子どもを信じきった人物がいました。岡山県で日本初の孤児院を開いた石井十次《じゅうじ》（1865〜1914）という人です。石井は、西日本だけでなく、冷害に苦しむ東北地方からも孤児を集めたといいます。飢えている子どもたちに食事を与えるのですから、当然ガツガツしていたと思います。ところが、石井十次は好きなだけ食べさせ、子どもには自分の満腹を自分で理解するようにさせたそうです。これは「満腹主義」と呼ばれました。

このエピソードが本当かどうかはわかりませんが、子どもを信じる中に、その子の次の成長があるということを今に伝えています。わたしは「教育ママ」ではありませんが、石井十次など教育の歴史などを一通り学んだ「教育学ママ」でよかったなと思います。子どもをいろいろな角度で見ることができるからです。そうすると、子どもに対するイライラが、ちょっとおさまったりします。

さて、「ほーくぇん」が大好きだった末っ子は、お迎えに行くと「さっき保育園来たばっかりなのに！」「お迎え遅くして！」と怒っていました。

全力でママチャリこいで来たのに〜

もう帰るよ〜

コラム1

ママの家出は数秒間

「ママもう出ていくから！」

子どもにイライラして家を出たその瞬間、ガチャッという音がしました。

当時2歳ほどだったUちゃんが、内側から鍵をかけたのです。

ママの家出は、ほんの数秒間で大失敗！

ドアポストを押し開けて、そこから、

「あ〜け〜て〜！」と、情けない声を送ったのでした。

1-1 ボールを蹴りたい！　でも、どこで？

1 ● なぜ、子どもたちは注意されるのか

　つい先日、ボールを駐車場の車に当ててしまい、おとなに怒られている子どもたちのグループに出くわしました。子どもたちの数人は身体を震わせて泣いていました。わたしにとって衝撃だったのは、子どもたちを叱責している人物が車の持ち主ではなく、通りがかりの人であることでした。公衆ルールの観点から子どもたちを叱っているとおっしゃっていました。さらにいえば、その人は幼い子どもを連れており、その人も子育て中ということが一目瞭然でした。

　ボール遊びに対する厳しい目線は、全国各地で社会問題化しています。静かに暮らす権利を主張しているのは、主には退職後に自宅で過ごしているシニア世代かと思いきや、先日の出来事は、必ずしもそうではないという、問題の複雑さを伝えるものでした。

　今、世界各地で日本出身のサッカー選手が活躍しています。それを見てサッカーをしたいと

思う子どもたちも少なくないでしょう。でも、日本の、特に都市の多くの地域では自由にボールを蹴ったりできる場所がないのです。もっといえば、本格的にサッカーをするためにはサッカークラブに入団し、指定の練習場所まで親が送り迎えすることになります。そこまで金銭的・時間的余裕のある家庭はどれほどあるでしょう。日本ではサッカーはもはや「選ばれし者のスポーツ」なのでしょうか。本来、サッカーに代表されるようにボール遊びとは、基本的にはメンバーが何人いても遊べるという柔軟性と、ボールがどこへ飛んでいくかわからないというドキドキを兼ね備えています。ドッジボール、バスケットボール、バレーボール、その他の名もない遊び…。この柔軟性とドキドキが、今日まで子どもたちをひきつけているのです。

では、なぜ子どもたちは「ボール遊びがうるさい」と注意されるのでしょう。ボール遊び問題を調べてみると、二つの問題が絡み合っていることがわかります。一つには、子どもたちが公園に密集することで賑やかになり、それが「うるさい」とされること。もう一つは、公園で遊ばず、比較的車の少ない住宅地の道路で遊ぶことで、周囲からクレームが入るということです。後者の場合は俗に「道路族」と呼ばれており、長時間道路を占拠することが反発を呼んでいるようです。

この二つの問題は、別の問題のようで、表裏一体だと考えることができます。公園がなかったり、すでに子どもたちでいっぱいで道路で遊ばざるをえないのです。ちなみに、「道路族」

への注意方法として、ネット検索で上位に来るのが、なんと「警察への通報と、学校への通報」です。自らは「クレーマー」となることを避けたいという心理がにじみ出ています。

公園は、公園として整備されているため、多様な年齢層の子どもたちが集まります。その結果、年齢の上がった子どもたちは手狭な公園では遊びづらくなり、ちょうどよい道路に移っていくのでしょう。わたしの近所でも古い公園がリニューアルされましたが、その結果、幼児さんファミリーがたくさん集まるようになり、小・中学生には遊びづらくなってしまいました。

子どもたちは高学年になると、学年内・クラス内の人間関係も変化し、同じ場所で遊ぶグループも変わってきます。たとえばAグループはA公園、BグループはB公園というように。これも子どもたちの成長過程なのですが、そこまでの数の公園がないというのが現状です。

ちなみに多くの場合、小学生は安全のための学校ルールとして、子どもたちだけで遊ぶ場合は、学区内で遊ぶこととされています。なので、条件のよい公園が他学区にあっても、子どもたちだけで移動することは基本的にはできません。このように、ボール遊びをめぐる問題は、子どもだけでは解決できない課題をはらんでいます。

2 ● 実は空き地は増えている——空き地・公園に関するデータ

アニメ「ドラえもん」を見ていると、うらやましい気持ちになるシーンがあります。それは、キャラクターたちの集合場所が、「空き地」であるということです。草の生えた空き地に、土管が何本か積まれており、そこに登ったり、寄りかかったりしながら、キャラクターたちは時間をつぶしています。アニメの放送開始が1973年であるということを考えると、当時はこのような光景が街のあちこちにあったのでしょう。今日でも空き地はあったとしても、「○○建設」の予定地で、ロープが張られ、入ったらたいへんなことになりそうです。

遊び場として明示されない場所で遊ぶことが可能だった時代から、公園への「囲い込み」が進み、さらには公園からの「追い出し」が始まっているのが現在ではないでしょうか。ここで、日本における公園のデータについて見てみましょう。

田中和氏氏らの調査「増加する空き地の現状について」[1]によると、世帯の所有する空き地等は、1993年の7・2%から2018年の12・4%に増えています。

実は、現在日本では空き地が増加しているのです。この調査からは、少子高齢化にともない、土地や建物の管理ができなくなり、「空き地」「原野」として放置されている状況が浮かび上がってきます。いわゆる「地方」ではこの状態が加速しています。もちろん、ボール遊び問題という摩擦が生じているエリアと、空き地増加エリアが単純に一致するわけではないですが、今後の地域社会で工夫しがいのあるテーマかもしれません。

図1を見る限り、1人当たりの都市公園面積は平成22（2010）年ごろまでは順調に伸びているものの、それ以降は頭打ちとなっています。近年の急激な少子化を考慮すると、子ども1人当たりの都市公園面積が増えている可能性もあります。先述の空き地の増加と合わせて、可能性を探ってみたいデータです。

一方、国内のデータだけでなく、国際的に比較してみることも必要でしょう。

この**図2**で明らかですが、東京23区は1人当たりの公園面積が、外国の有名都市と比べても圧倒的に少ないです。わたしは都市計画の専門家ではないので明言できませんが、これは東京という都市の設計に公園が組み込まれていなかったのではないかとの印象を受けます。

たとえば、ニューヨーク中心部の多くを占めるセントラルパークは、歩いていて疲れるほどの広さです。そこではあまりに広すぎて、ボールを蹴っていて叱られるというシチュエーションが存在しないのです。またセントラルパークで、芝生に寝っ転がる人々の姿は、ドラマや映画でも定番のニューヨーク生活の象徴になっていますよね。公園は、子どもの「発達」のためだけでなく、おとなの潤いのある生活にも欠かせないものなのです。

図１　都市公園等の現況及び推移

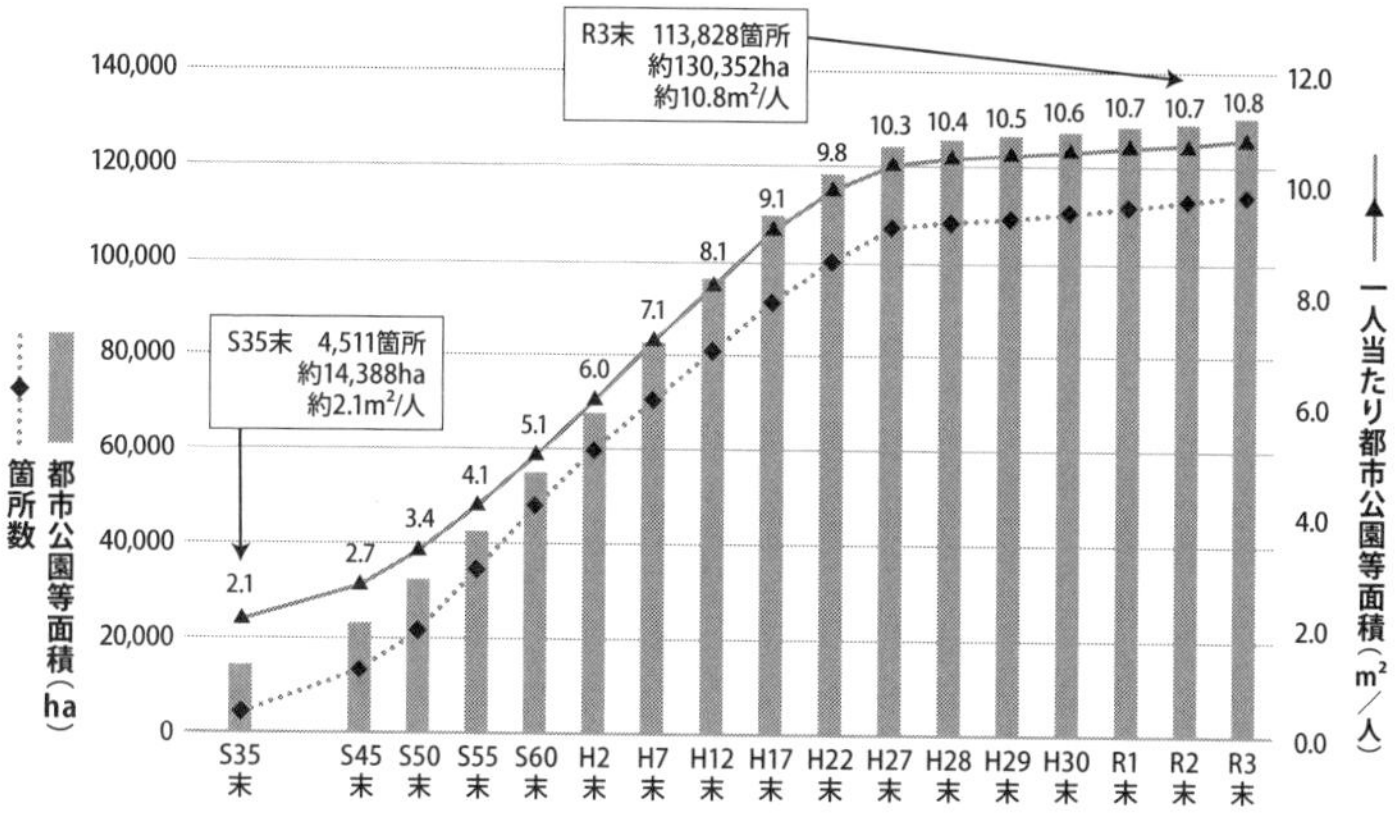

資料：国土交通省都市公園データベース「都市公園等整備の現況等」より
https://www.mlit.go.jp/toshi/park/content/01_R02.pdf

図２　諸外国の都市における公園の現況

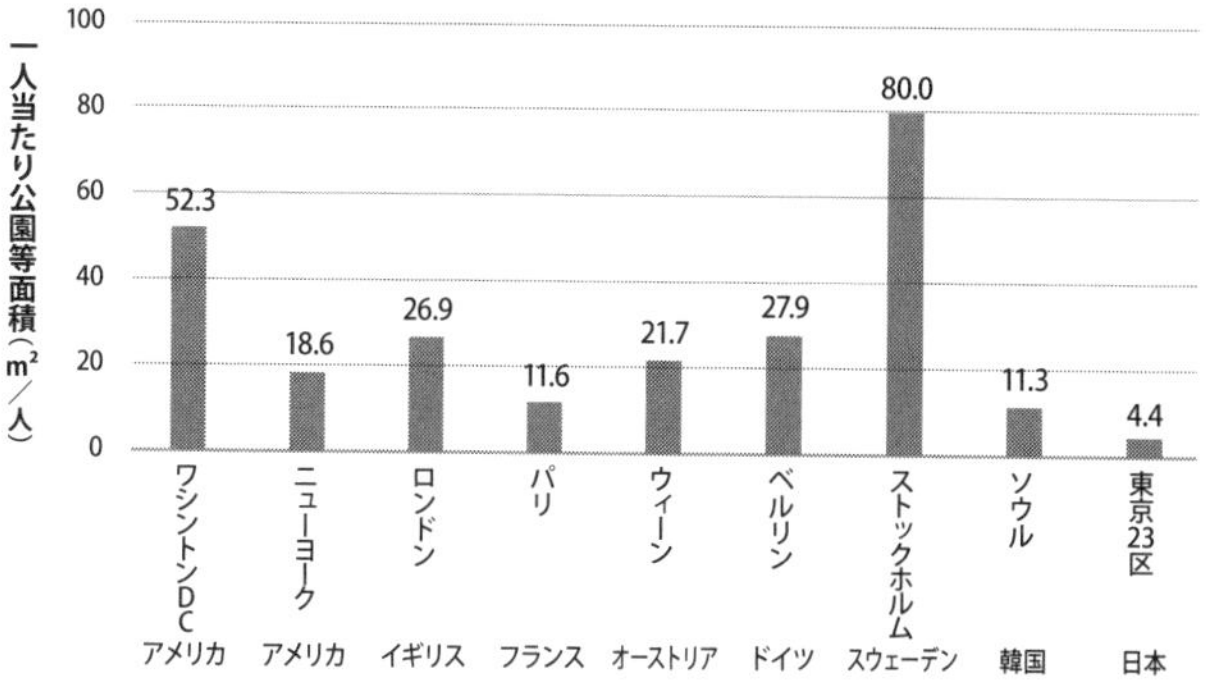

（※）東京23区は都市公園以外の公園を含んでいる。

資料：国土交通省都市公園データベース「都市公園等整備の現況等」より

3 ● 子どもの権利の問題として対話と解決へ

日本国内ではまだまだその存在が知られていませんが、「子どもの権利条約」（1989年国連総会にて採択）を日本は1994年に批准し、2024年、批准30年を迎えます。「子どもの最善の利益」を追求することが高らかに謳《うた》われ、中でも第31条は子どもに関わる人々だけでなく、すべての子どもとおとなに読んでほしい条文になっています。

児童の権利に関する条約（外務省訳）第31条

1. 締約国は、休息及び余暇についての児童の権利並びに児童がその年齢に適した遊び及びレクリエーションの活動を行い並びに文化的な生活及び芸術に自由に参加する権利を認める。
2. 締約国は、児童が文化的及び芸術的な生活に十分に参加する権利を尊重しかつ促進するものとし、文化的及び芸術的な活動並びにレクリエーション及び余暇の活動のための適当かつ平等な機会の提供を奨励する。

「レクリエーション」というと、日本語では単なる「余暇」のようなイメージをもってしまいますが、子どもが遊びを通して生き生きとした自分を取りもどすことなのです。これが「権利」として定められているということは、子どもにとって生きていくために必要なものと認められているということです。

日本ユニセフ協会は、第31条を次のように、子どもの言葉に訳しています。

子どもの権利条約第31条（抄約）

子どもは、休んだり、遊んだり、文化・芸術活動に参加する権利があります。

果たして遊びが「権利」であると、日本のおとなや子どもたちは受けとめられるでしょうか。子どもたちは、「遊んでないで勉強しなさい！」「遊ぶのは宿題してからね！」といった言葉を耳にタコができるほど聞いていることと思います。遊びに対するそのような考え方は、とても根強いですよね。ボール遊びの問題も、この延長線上に考えることができます。本来は取り上げてはならない権利ですが、「権利」であるという発想がまったくないため、容易に「ボール禁止」の看板が立つのです。もしも、ボール遊びが問題になったのなら、一方的に通報するのではなく、地域のおとなとして、こう考えられないでしょうか？

・遊び場で困っていることはないか
・ボール遊びのどんなところが楽しいか
・他にのびのび遊べる場所はないか
・ボールを別のものにするのはどうか

他方、すでに行動に移っている子どもたちがいる東京。板橋区の再整備にともないグラウンドでボール遊びができなくなった問題で、地元の小学生たちが議会への陳情を行い、みごと採択されたのです（2019年）。ところが、陳情後も状況が変わらないため、中学生となった彼らは、報告会などを続けているそうです。こうした行動方法が広まり、各地で対話・解決の場が設けられたら、すばらしいですよね。

子どもこそが、未来の主権者なのですから。

●注

1 総括主任研究官・田中和氏、研究官・福田昌代「増加する空き地の現状について」『国土交通政策研究所紀要』第80号、2022年、p.29

《初出》サッカーをしたくてもできない子どもたち～「ボール遊びがうるさい」が奪う「権利」――一方的に禁止するのではなく、対話を『論座』（朝日新聞の言論サイト）2022年12月8日

1-2

子どもにも意見があります！
「子どもの意見表明権」を生かす場を

1 ● 学校改革のゆくえと子どもの意見表明権

近年、学校改革に関する本が次々と出版されています。その主だったものは「カリスマ校長」による、ある意味で「上からの」改革です。多くの読者は憧れを抱くのと同時に、そのような人物がいない学校ではどうすればよいのかという疑問をもつでしょう。またそのような人物に頼らざるをえない状況を、どのように理解するべきでしょう。

わたしが研究しているアメリカの教育学者のジョン・デューイ（1859～1952）は、子どももおとなも、白人も黒人も、ありとあらゆる人々が民主主義社会の担い手になることを訴えました。デューイは、一部のリーダーが社会を動かし、民衆から思考や行動を奪うことに反対しました。また一部のリーダーに世の中のあり方を任せきりにする、民衆のあり方にも反対しました。

では、デューイはどのような状態を目指したのでしょうか。彼はあらゆる人々が能力を《引き出し合う行為》こそが民主主義であると考えました。つまり、民主主義と教育は切っても切れない関係にあるのです（デューイ『民主主義と教育』1916）。この考え方は、今日のわたしたちにも大きなインスピレーションを与えてくれます。

わたしは子どもの通う学校のPTAでいろいろな企画にチャレンジしてきました。国連の「子どもの権利条約」にも定められている「子どもの意見表明権」をテーマとするイベントを開いたこともあります。「子どもの権利条約」は、まだまだ日本では十分に知られていない条約なので、ここに一部を引用します。

子どもの権利条約 第12条（国際教育法研究会訳）

1．締約国は、自己の見解をまとめる力のある子どもに対して、その子どもに影響を与えるすべての事柄について自由に自己の見解を表明する権利を保障する。その際、子どもの見解が、その年齢および成熟に従い、正当に重視される。

2．この目的のため、子どもは、とくに、国内法の手続規則と一致する方法で、自己に影響を与えるいかなる司法的および行政的手続においても、直接にまたは代理人もしくは適当な団体を通じて聴聞される機会を与えられる。

まず、注目したいのは、子どもの意見表明権を保障する主体は「締約国」であるということです。いわゆる「ふわっと」した合意として「子どもの意見は大事だよね」ということではなく、「子どもに影響するすべての事柄」に関する意見について法的、行政的に尊重されるということです。

果たして、わたしたち保護者、そしておとなは、子どもの意見を、このようなものとして扱ってきたでしょうか。むしろ子どもの意見は「子どもの意見」に過ぎないものとして切り捨ててきたように思います。それは、子どもたちの家庭生活だけでなく、学校生活においてもです。

2 ● 子どもたちが不登校で訴えていることは？

子どもたちの不登校は、コロナ禍を経て過去最多に達しています。小・中学校の不登校児童生徒数は29万人を超えました（文部科学省「児童生徒の問題行動・不登校調査」２０２２年度）。「29万人」と聞いて、その人数をイメージできるでしょうか。また、これは年間に30日以上欠席した場合のみカウントしていますので、学校を休んでいる子どもは、実際はもっと多いはずです。

海外に目を向けるとアイスランドの人口が約33万人、中南米のバルバドスの人口が約29万人なので、小さいながらも一国の人口として十分に成り立つほどの人数が、不登校となっています。反対にミクロな視点で見るならば、中学ではどのクラスにも不登校の子どもが1人はいるという状態になります。

この子どもたちが不登校という形で訴えていることは、何でしょうか。何らかの問題がどこかに生じていて、学校には行かないという選択を、積極的であれ消極的であれ、しています。もちろん、価値観が多様化している時代なので、不登校という選択がより身近になっていることはたしかです。が、それは学校が抱える問題をスルーしてよいということではありません。

「子どもの意見表明権」の話にもどりますが、学校について最も詳しい人物は、実は子どもです。学校教育という巨大なシステムの中で、どのような体験がなされているのか。それについて当事者として語れるのは、評論家ではなく子どもです。このことは、もっと重視されてもよいはずです。

どこの学校も「学校評価アンケート」の集計や分析をしています。ただ、すでに用意された項目に対してマルをつけることは「子どもの意見表明権」とは似て非なることです。なぜなら、子ども一人ひとりの個性や主張は無視されてしまうからです。では、どのような取り組みが可能なのか、一緒に考えてみましょう。

3・子どもたちの「声」をさがしに

これまでわたしは、公園や広場のそばで駄菓子を1個10円で売りながら（不定期開店）、地域の子どもたちと仲よくなろうとしてきました。何かしらのツールなしには、人と人はつながることができないし、今では懐かしい手ごろな駄菓子を媒介とすることで、たくさんの子どもたちにリーチしたいと考えました（表紙・巻頭の写真もごらんください）。

実際に「じゅうえんや」をすることでわたしのことを覚えてくれた子どもは多いです。でも、子どもたちが話してくれることの内容は、わたしとの1対1の関係を超えて、教育委員会や自治体への働きかけを必要とすることが多く、力不足も感じていました。

そこで、PTA本部として開催したのが「（校名）・キッズ・トーク」です。イベント名は、最近東京ディズニーシーで人気を博している「タートル・トーク」を拝借しました。それは乗り物アトラクションではなく、画面上のウミガメとのトークをエンタメ化したものです。軽妙なトークから生まれる観客との一体感がSNSでくり返しシェアされているのを（子ども経由

PTA 主催「キッズ・トーク」受付で、ジュースを配る

で）見ました。

「キッズ・トーク」当日は、1年生から6年生まで20名ほどの子どもが参加してくれました。「タートル・トーク」とは違って、エンタメ系イベントではないので、集客が心配でしたが大丈夫でした。子どもたちは入り口で手指を消毒し、好きな飲み物を選んで、席に着きました。会を始めるにあたっては、次の通り「フィンランドの小学生が作った10のルール」を紹介しました。

1. 他人の発言をさえぎらない
2. 話すときは、だらだらとしゃべらない
3. 話すときに、怒ったり泣いたりしない
4. わからないことがあったら、すぐに質問する
5. 話を聞くときは、話している人の目を見る
6. 話を聞くときは、他のことをしない
7. 最後まで、きちんと話を聞く
8. 議論が台無しになるようなことを言わない

9．どのような意見であっても、間違いと決めつけない
10．議論が終わったら、議論の内容の話はしない

北川達夫『図解 フィンランド・メソッド入門』経済界、2005年、p.68

これは10項目もあるのですが、読んでいくと、それぞれの項目が互いに関係していることがわかります。たとえば、「1．他人の発言をさえぎらない」「2．話すときは、だらだらとしゃべらない」はセットです。他人の発言は最後まで尊重しますが、だからといって「だらだら」としゃべっていいわけではありません。聞いている人の時間も尊重する必要があるのです。

また「8．議論が台無しになるようなことを言わない」は、今でいう「それってあなたの感想ですよね（論破）」を言わないということです。一生懸命話していることが、個人的な感想だと一蹴されてしまったら、その子は今後発言しにくくなるでしょう。このように長い項目でも、その必要性を一つひとつ説明することで、子どもたちの理解が得られたのを、その場の雰囲気として感じることができました。

子どもの「声」を聴くにあたって、これらの事項は特に大切です。なぜなら、子どもたちは学校で、グループ学習や発表を中心とする、いわゆる「アクティブラーニング」を実践していますが、教科の枠を超えて自分の困りごとや他者の困りごとに直面し、解決を訴えるという機

会におそらく乏しいからです。先ほどはデューイの考え方を紹介しましたが、一人ひとりが思考や能力を《引き出し合う》には、それを行いつつ人間関係を育てていくという同時進行の醍醐味があります。

そこで、トークの第1ラウンドは同学年グループとし、第2ラウンドはクジ引きによる学年混合グループで行いました。これは、素朴な提案をする低学年の子どもたちに対して、高学年が「4．わからないことがあったら、すぐに質問する」を実践できればよいと思ったからです。実は質問というワザは、魔法のような性質をもっています。よい質問の仕方をすれば、話がグッと深まります。お互いが《成長》するそんな瞬間を体験してもらいたいと思いました。

左のページ、上の囲みは、「キッズ・トーク」で出された4年生グループの要望の一部です。「学校にジュースをもっていきたい」は他のグループからも提案された、いかにも「小学生らしい」ものですが、もしかしたら猛暑の日はスポーツドリンクを持って行きたいということかもしれません（深く聞くのを忘れてしまいました）。

他にも「男女平等」という文字にはドキリとさせられました。「これってどんなこと?」と聞いてみたところ、女子には更衣室があるのに、男子にはないのは不平等だということでした。学校の教室の配分がそのようになっているのは知りませんでした。その横にある「ろんぱやめてほしい」も、この文字の奥にあるこの子どもの体験に思いを馳せざるをえないものです。

「キッズ・トーク」

●4年生のグループの要望から

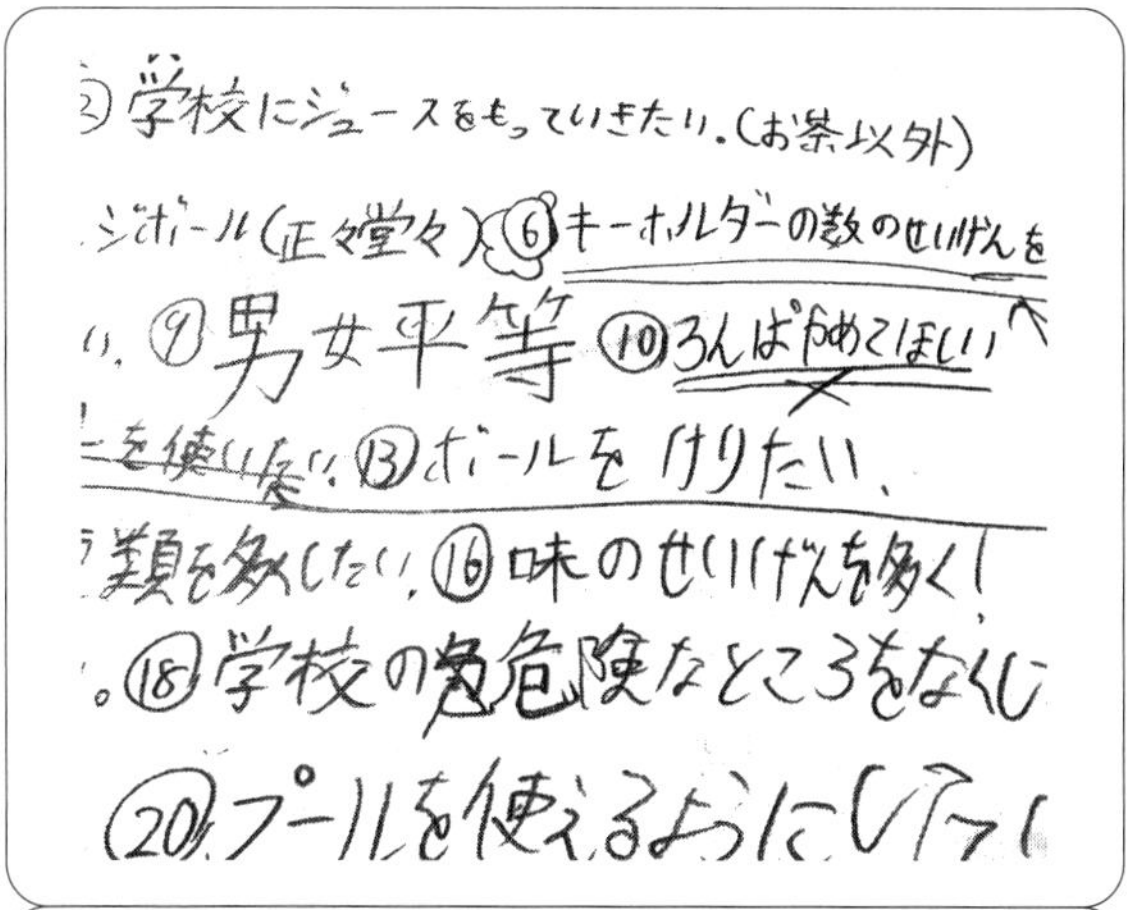
）学校にジュースをもっていきたい。(お茶以外)
ジボール(正々堂々) ⑥キーホルダーの数のせいげんを
い。⑨男女平等 ⑩ろんぱやめてほしい
ーを使いたい。⑬ボールをけりたい。
類を多くしたい。⑯味のせいげんを多く!
。⑱学校の危険なところをなくし
⑳プールを使えるようにして!

●3年生のまとめの一部

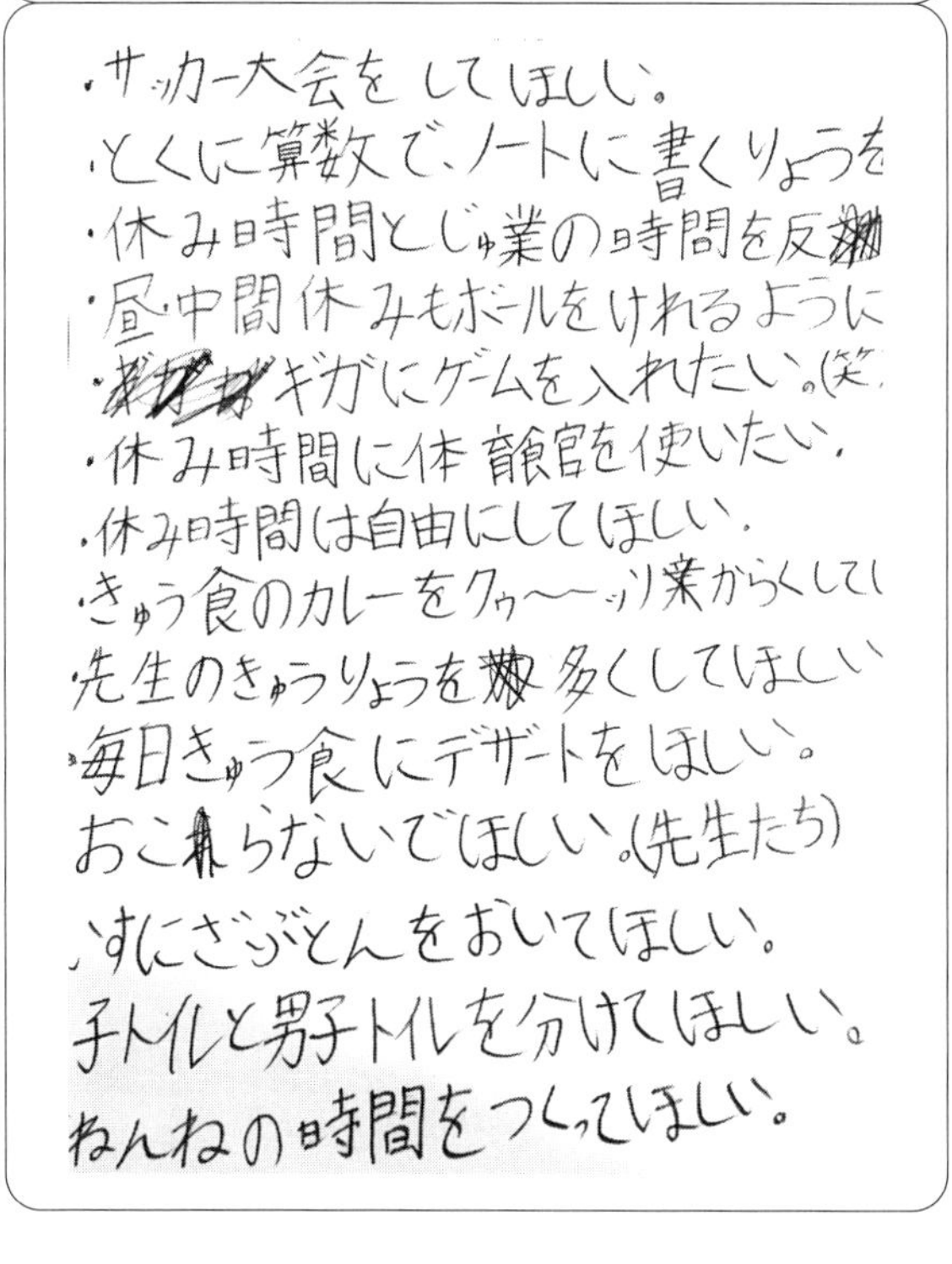
・サッカー大会をしてほしい。
・とくに算数で、ノートに書くりょうを
・休み時間とじゅ業の時間を反
・昼中間休みもボールをけれるように
・ギガにゲームを入れたい。(笑
・休み時間に体育館を使いたい。
・休み時間は自由にしてほしい。
きゅう食のカレーをクゥ〜〜ッリ辛からくして
先生のきゅうりょうを多くしてほしい
毎日きゅう食にデザートをほしい。
おこらないでほしい。(先生たち)
いすにざぶとんをおいてほしい。
子トイレと男子トイレを分けてほしい。
ねんねの時間をつくってほしい。

前ページ下の囲みは3年生のまとめの一部です。

今回子どもたちと話してわかったのは、学校には、保護者からは見えにくい多種多様なルールや制約があり、子どもたちはその中をかいくぐるようにして生きているということでした。一般的には「学校の息苦しさ」と呼ばれるものですが、今回のトークによって、その詳細が部分的ではありますが、明らかになりました。たとえば、ボール遊びに関連するものだけでも、次のような要望がありました。

・休み時間に運動場でボールを「蹴りたい」（他方、投げる遊びはOK）
・休み時間に体育館でも遊びたい（授業以外では立ち入り禁止）
・雨の日に体育館でも遊びたい（エネルギーの有り余った子が廊下で走る）
・ボールを増やしてほしい（各クラスに2個しかないので取り合い）
・サッカー大会をしてほしい（京都市の公園では集団球技は基本的に禁止）

子どもたちの体を動かしたくてたまらない衝動が伝わってきます。これはボール遊びができる公園がない、という問題とセットで読み取る必要があるでしょう。子どもの生活に「切れ目」はないのですから！

なぜこうした校内ルールになっているのかは、もちろん理由があるはずですが、それが共有されていないために、子どもたちの不満が募っています。これは学校が、子どもを説明責任の対象だとは十分に認識していないということでしょう。こういうところにこそ、保護者やPTAが入って、橋渡しをすべきです。

もちろん、将来的には子どもたちが自分たちで活動していくことが理想ですが、小さな頃から「意見を出す→学校（市）と話し合う→改善」といった《成功体験》の積み重ねをしていくことが肝心です。

あと、とても印象的だったのが、子どもたちから「仮眠」の時間を求める意見が出たことでした（39ページ下部「ねんねの時間」）。「昼寝の授業」と表現した子どももいます。仮眠も本業の一部であるという考えは、シリコンバレーの先端企業のようですが、子どもたちの疲れが垣間見えます。これを学校に伝えたら「家で早く寝てください」と言われてしまうのでしょうが、夜は貴重なフリータイムで、なかなか早く寝かせられない事情もあるのです。

4●あなたの意見は聴かれる価値がある

現在の子どもたちは「逆ゆとり世代」で、教科書も大型化し、ページ数も増え、学習内容が「重量化」している世代です。子どもたちの疲労の度合いも大きいはずです。わたしの子どもも5時間目にしばしば寝ているると、担任から伝えられたことがあります（幸いにも、ゆったりとしたクラスで「Rくん、疲れてはるんやなぁ」と見守ってくれたそうですが)。

子どもたちは意外にも、学校での事柄を家庭で話しません。おそらく、サラリーマンが会社から家庭に帰ってきて、会社であった面倒くさいことを話さないのと同じなのでしょう。「今日学校どうだった?」と聞いても「ふつう」と会話から逃げられてしまうのは、全国の家庭での共通の風景だと思います。だからこそ、子どもが意見を出し合う場を意識的につくり、活用していくことが今後の学校改革なのではないでしょうか。

規模は小さくでも、今回のようにPTAや保護者の集まりで、活動を始めることができます。まずは一人ひとりの子どもたちに、「あなたの意見は聴かれる価値がある」ということを体感してもらいたいです。こうした経験を積み重ねた子どもたちが18歳を迎えたときに、地域社会の光景が変わってくるのではないでしょうか。子どもが成人=18歳を迎えるのは、あっという間です!

《初出》「子どもの意見表明権」が学校と地域社会を変え、民主主義をよみがえらせる――考え、伝え、合意し、実現する――この経験の積み重ねが有権者をつくる『論座』朝日新聞社、2023年3月26日

《再構成》右の一部を再構成し、「『子どもの意見表明権』を生かす場を地域につくる」と題して『子ども白書2023』(日本子どもを守る会編、かもがわ出版)に執筆。

1-3 中学校にヤギがやってきた！

1 ● 学校には、子どもの意見を解決していく仕組みがありますか？

子どもが意見表明する場所として、学校の中に用意されているのは「児童会」や「生徒会」です。でも、その役目や仕組みは保護者に対してあまりオープンになっていません。中学校の場合は、生徒手帳にその規約が記されていたりしますが、小学校の場合、あくまでもいくつかの委員会の一つとして扱われているように思います。わたしも、子どもが児童会のメンバーだったということを後から知ったりしました（教えてよ～！）。

「キッズ・トーク」をやったときにはあんなにたくさん意見が出たのに、子どもたちが日々抱えているそれらの思いはどこへ行っているのでしょうか。そもそも小学校には意見を出して、解決していく仕組みが備わっていないのかもしれません。もちろん、クラス単位では行われていると信じたいですが。

2●生徒会役員立候補の公約「ヤギで校内を除草する」

というわけで、やや日陰の存在の「生徒会」（以下「児童会」も含む）ですが、息子のKくんが中学在籍の最後の年におもしろいことが起こりました！　Kくんと親しい友だちのTくんが生徒会役員に立候補したというのです。しかもその公約が「ヤギで校内を除草する」というものでした！　生き物好きで知られるTくんらしい公約だと思いました。わたしが話を聞いたのはそこまででしたが、生徒会がそんなおもしろい企ての拠点になればいいなと思いました。

結局、ヤギの調達はできず、公約は果たせぬままTくんは中学を卒業しました。わたしもその後を追いかけなかったのですが、なんと今度は、わたしたちが生活圏でヤギに出会うことになったのです。それは、京都大学の自治寮・熊野寮のお祭りでのことでした。草の茂みの中に、ネコほどの大きさの子ヤギがいたのです。それも2頭！　聞けば、寮生が飼っているそうで、知り合いから話をつないでもらうことにしました。胸が高鳴りました。

今、学校では新しいことをやるのがとても難しくなっています。コロナ対策で行事の規模や内容が変わっただけでなく、子どもの身体的心理的な安全についての認識が飛躍的に高まり、アレルギーや発達の特性、信仰なども配慮されるようになりました。ＰＴＡでも新しいことにチャレンジしにくくなっています。

なので、ヤギを学校に迎えるということが果たして可能なのか、わたしはとても心配でした。学校から「やっぱりだめでした」と言われてしまうのではないかと、学校とヤギの飼い主さんとのあいだでヒヤヒヤしたのも事実です。ちょうど夏休みの暑い時期で、ヤギも青草を欲していることでした。

3 ● なんと子ヤギが見つかって…夏休み、本当にやるんだ!!

うれしいことに、中学の先生たち（管理職を含む）はとてもおおらかで、夏休みにトントンと話が進み、決行に至りました。本当はグラウンドの除草をしたかったのですが、グラウンドを利用する部活の子どもたちとの合意ができていなかったので、まずは校舎裏の茂みでやってみることにしました。当日の朝、軽トラックの荷台にケージに入ったヤギ2頭が見えたときは感動しました。本当にやるんだ!!

こうしてTくんの公約は、Tくんの卒業後に、実現に移されたのでした。ヤギ除草というと、放し飼いのイメージをもちますが、実際のヤギの跳躍力はすさまじく、学校のフェンスくらい越えてしまうとのことでした。ですので、首輪に紐をつないで、地面に杭を打ちます。ここでも注意点があり、ヤギは歩き回っているうちに紐が草と絡まり合って窒息してしまうことがあるそうです。なので、定期的な見守りが必要とのことでした。う〜ん、放牧ではダメなんですね。

こうした事柄も、やってみなければわからないことです。Tくんは生き物や環境保全への関心から、ヤギ除草を思いついたのですが、それが「低コスト」と言われるためには、やり方にはもうちょっと工夫が要りそうです。

結局、高校生になったTくんは、その日、酷暑の中、1日中ヤギを見守り続けました。ヤギも暑すぎてバテてしまって、ゴロゴロしている時間が長かったそうです。除草の効果を出すには、継続的にそこでヤギを飼うことになりそうです。やらないよりも、やってみてこれらのことがわかったというのは、生きた知識になったと思います。

わたしがTくんを応援したのは、単におもしろいアイディアというだけでなく、グラウンドが雑草に囲まれてしまい、土の面積が狭くなっていると気付いたからでした。わが家ではKくんがソフトテニス部、Uちゃんが陸上部と、どちらも毎日グラウンドに立つ部活に入りました。ところが、グラウンドの四方八方から雑草が迫り、廃部になったサッカー部のゴールで押しとどめている状態でした。これはもしかして、京都市の財政難で草刈りができていないのかもしれないと直感しました。

中学校の校舎裏の草の高さは、人の身長ほどありました

広いグラウンドでのびのび部活をしたいという子どもたちの思いを、Tくんは読み取って、彼なりのアレンジを加えて公約にしたのでしょう。このユニークな取り組みは、『京都新聞』でも大きな紙面になりました。「エコな『メェ～案』、2年越し」との見出しが躍りました。Tくんは「もう無理かもと諦めかけていたので、本当にうれしい。こんなチャンスをもらえて、協力してくれたみんなには感謝でいっぱいです」と語っています（『京都新聞』2023年9月9日［土］20面）。

わたしもとてもうれしかったのです。一人の子どもの願い、それもたくさんの子どもの願いを背負った子どもの願いが、部分的ではありますが、叶いました。生徒会に出された公約とは、正式な「子どもの意見表明」です。これは聞かれるに値するだけでなく、できるだけ実現するように尊重されなければなりません。こう書くとまわりくどいですが、要するに「一緒にやろうよ!」ということです。

このヤギ除草のあとに、除草剤の恐ろしさが全国に知れ渡りました。中古自動車の取扱店が、街路樹にたくさんの除草剤を撒き、樹木を枯らしていることが明らかになったのです。草も環境の一部であり、草だけにダメージを与えるという方法はありません。それは、めぐりめぐって、わたしたちにもやってくるでしょう。

Tくんの公約を、わたしたちも忘れないようにしたいです。

コラム2

ごぞんじですか? 幸帽児

「幸帽児(こうぼうじ)」って知っていますか?

これは、赤ちゃんが生まれるときに破水しないまま、要するに水風船に入ったまま生まれることです。Rくんがこの生まれ方だったと、後から助産師さんから聞きました。

水に入ったまま生まれるので、昔のヨーロッパでは「溺れない=船乗りにぴったり」と言い伝えられていたそうです。

ママ・パパの「なんか変？」をかたちにする

2

PTA会長を5年もやっちゃいました。

保護者懇談会で全員が役員に立候補を決意

昨今の世の中の「めんどくさいものランキング」を調査したら、きっと上位に入るであろう、PTA！　もともとは、Parents（保護者）とTeachers（先生たち）のAssociation（連合体）として、学校をともにつくっていく存在としてスタートしました。でも、強制的な役割分担や無駄な仕事が指摘されるようになり、各地でどんどんその姿を変えています。

わたしがPTA役員になったのは、実は自分から進んでなったのではなく、ママ友のMさんに誘われてのことでした。ちょうど5年生の理科ではメダカの誕生を学習しており、「なんでメダカはやるのに人間のはできないのか」と懇談会でMさんが口火を切ったのです。なんでもインターネットで見られる時代に、正しい性教育の不足を指摘する声でした。

授業参観中はあんなに保護者がいたのに、そのあとの懇談の時間になると多くの人が帰ってしまいます。それでも残った保護者で、Mさんの「わが子を性暴力の被害者にも加害者にもしない」という熱意を聞き、そこにいたメンバー全員で翌年のPTA役員に立候補することにしました。PTAなら、性教育を教えてはならないという政府の「歯止め規定」は関係ありません。PTAの可能性にワクワクしました。

つらかったのは式典の冒頭数十秒

「会長になってくれへんか?」という電話がMさんからかかってきたときは、さすがに一晩悩みました。でも、やってみることにしました。何に悩んだかというと、入学式や卒業式でわたしは「君が代」を歌わないことにしているので、来賓席でどうすればいいか困ったのです。

でも、校長先生にそのことを伝えると「問題ありません」「国旗への礼もしなくて大丈夫です」とのことでした。

第2次世界大戦では、沖縄の集団自決のように、天皇制が多くの人々を死に追いやったということは否定できません。それを知っている者として、どう行動するかが問われているといつも思っています。とはいえ、祝典の冒頭数十秒、自分だけまわりと違う行動をするというのは、心理的にはたいへん緊張するものです。PTAでいちばんつらかったのはこのことでした。ましてや、わたしの後ろの座席には「戦中派」である地域の長老がいます。長老の歌声を背中で受けとめて聴いていました。

知らない人との出会いの魅力に励まされて

その他のことは、とてもクリエイティブに楽しくできました。幸い、わたしはフリーランスに近い職種なので、PTAに割かなければならない時間は、自分にとっては大きな問題ではありませんでした。イベントをやるときは、PTA役員のみんな（約10人）で相談しながら、それぞれの立場から、安全でおもしろいものになるように意見を出し合いました。

こうしてPTAという場所で出会ったお母さん、お父さんは、みなすばらしい人でした。それぞれに引き出しがあり、得意分野があり、お互いをサポートする体制が自然に組まれていきました。アイディアを出すのが得意な人、実務をこなすのが得意な人、学校との相談が得意な人…いろいろなタイプの人がいました。

ふだんであれば「○○ちゃん（くん）のお母さん」としてしか知らない人の、新たな面を見せてもらえるのがPTAの醍醐味だと思います。その魅力に励まされて、PTA会長を5年も続けることができました。本当は1人が長い期間やるのはよくないと思っ

たくさんの子どもたちを前に、PTA 花火観賞会の司会をしました。
大きな水辺のない京都市の子どもたちにとっては、貴重な花火大会です

ていますが、コロナ禍を挟んだので、それへの対応と、コロナ後の学校を見届けるまでやろうと考えました。

そうだ、娘のUちゃんの応援も忘れてはなりません。

「ママ、5年連続でやって京都市の表彰状もらってよ！」

京都市では5年連続でPTA会長を務めると、表彰されるのです。

2-1

「ふわふわ言葉」「チクチク言葉」の危うさ

1 ● 校舎を埋め尽くす標語

みなさんは最近、小学校に足を踏み入れたことがありますか。わが子の学校では、壁という壁が標語で埋め尽くされ、目がまわるような光景が広がっています。中でも、「ふわふわ言葉」が標語に頻繁に用いられ、わたしのSNS上の調査では北海道から沖縄までの小学校で使われていることがわかりました。「ふわふわ言葉で学校を（クラスを）いっぱいにしよう」というようにです。

では「ふわふわ言葉」と、それと対になる「チクチク言葉」とは何でしょうか。それはずばり、自分（相手）を喜ばせる言葉と、自分（相手）を嫌な気持ちにさせる言葉のことを指します。主には道徳の時間に学習され、子どもたち同士のロールプレイングなども行われています。

わたしが授業参観で初めてこれを目の当たりにしたとき、なんとも言えない不安感を抱きま

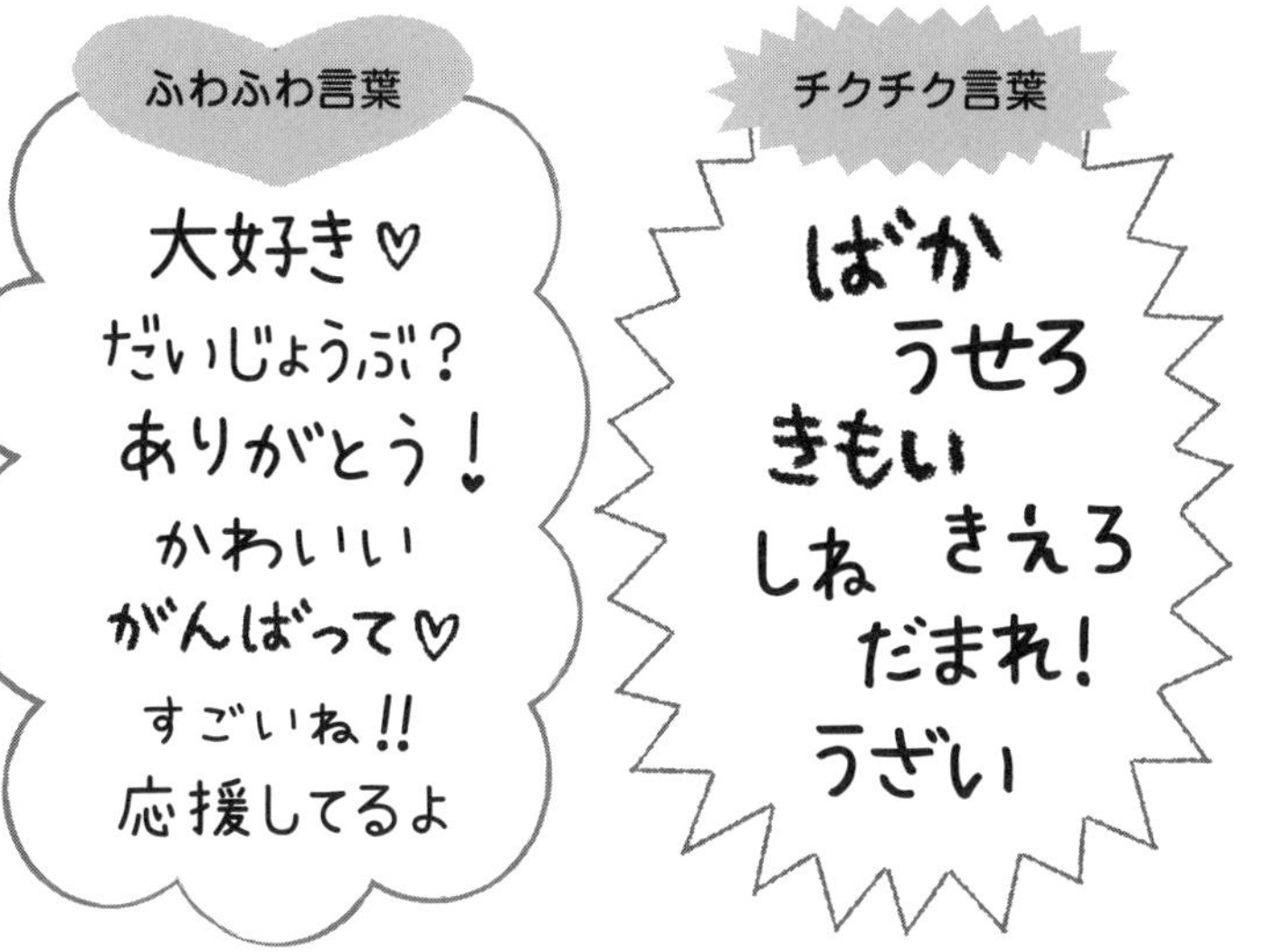
ふわふわ言葉
大好き♡
だいじょうぶ？
ありがとう！
かわいい
がんばって♡
すごいね!!
応援してるよ
チクチク言葉
ばか
うせろ
きもい
しね
きえろ
だまれ！
うざい

今、全国の小学校にこんな掲示物が広まっています

した。なぜなら言葉の意味というものは、誰が、何を、どのように発したのかという文脈に乗っかっているので、特定の言葉だけ頻繁に使ったり、あるいは使用禁止にすることが「道徳」につながるとは考えにくいからです。ましてや、一つの言葉に一つの意味しかないように教えることは、子どもたちの読解力をも下げると思います。

たとえば、人間の怒りには怒りの意味があります。それを「チクチク言葉」として封じられた場合、子どもたちが生きるうえで必要な表現の機会を失ってしまうのではないでしょうか。たしかに子どもは安易に「死ね」「うざい」「キモい」などの言葉を口にします。異年齢保育の場である学童保育に通い出して、子どもの「口が悪くなる」のを目の当たりにして、保護者同士で心配したものでした。でもそれは、まだ子どもの語彙が少ないからであって、その「チクチク言葉」そのものを取り除いたところで、子どもがそれを発した事情は見えてきません。

また、言葉の意味も急速に変化します。わたしが子どもの頃は「やばい」が新種の若者言葉として、ある種問題視されていましたが、時は移り、「やばい」にはもうパンチがないようです。現在わたしの子どもたちは「えぐい」「えっぐ！」「激しぶ〜」を頻用しています。料理においては取り除かれるべき「えぐみ」「渋み」を、(多くは肯定的な意味での)印象の強さにたとえているのです。このように、言葉とは、使い手によって生まれ変わり続ける、生き物のようです。

2●「ふわふわ言葉」と「チクチク言葉」の増殖

では、この「ふわふわ言葉」と「チクチク言葉」というものは、どこからやってきたのでしょうか。わたしの調査では、手塚郁恵氏(元教員でカウンセラー)の実践にインスピレーションを受けた、赤坂真二氏(元教員で上越教育大学教授/実務家教員)の著書によって広がったと見られます。興味深いことに、論文検索などでは「ふわふわ言葉」と「チクチク言葉」に関する学術論文を見つけることができず、あくまでも教育現場レベルの実践として大きな広がりを獲得しているようです。

赤坂氏の『友だちを「傷つけない言葉」の指導』（2008）の大きな特徴は、「型からの指導」と「言霊主義」（言葉を発することから現実をつくっていこうとする立場）です。その内容を見てみましょう。

社会で認められる個性とは、世の中のマナーやルールの範囲内で、発揮されるべきです。マナーやルールといった基本的なことを守った上で、オリジナリティーを発揮すべきものだと思います。ルール、マナーを無視した個性的な言動は、単なる「奇行」です。（前掲書、p.23）

「世の中のマナーやルール」は、絶えず再点検されるべきものであるという視点を一切欠いたまま、その範囲内で「認められる個性」とはいったいどのような個性でしょうか。要するに（著者である教員に）迷惑をかけない子どもを欲しているとしか思えません。さらに、その「型にはめる」指導は、ここまでエスカレートするのです。

今、学校は指導内容が多すぎて、いっぱいいっぱいの状態です。（中略）［それに対して：筆者注］スキルから、内面に迫る指導は、比較的時間がかかりません。まず、やらせてみて、それを子どもたちによいものだと感じ取らせて、実践化させるわけです。たとえば、感謝することの大切さ、必要性を教えてから、ありがとうと言わせるのではなく、まず、ありがとうと言わせてみて、その気もちよさなどを味わわせ、感謝することとはどういうことかを感じ取らせていく、というような働きかけです。（前掲書、p.23）

まず「やらせてみて（中略）よいものだと感じ取らせて」という方針に関しては、これが「教育なのか」という思いを抱きます。１９８０年代に大流行した教育技術の「法則化運動」（現在のＴＯＳＳ）も、子どもたちの成果を「一定」のレベルまで導くことに強い使命感を抱いていた運動でしたが、もう少し子どもたちの主体性、たとえば「～をできるようになりたい！」という思いを重視していたように思います。

ここで子どもたちが体験することになる「気もちよさ」は、赤坂氏によって用意されたものであり、子どもたちが仲間と話し合いながらつくったものではありません。子どもたちが自分で問題を発見し、仲間と協力して、問題に迫っていくという姿はどこへ行ったのでしょうか。

それに加えて、学校教員の多忙化とそれに対する「働き方改革」は、もはや社会問題としての理解が深まっているように見えますが、その根本解決を目指すのではなく、忙しいからこそ簡単に取り組めて、生徒がそれに（一律に）従う「型からの技術」を推奨するというのも問題です。

この「型からの技術」は、非科学性をともないます。クラスで悪口が飛び交うなど、「荒れ」が始まったときは、クラスで問題点を共有した後に「黒いビニール袋の儀式」を行うそうです。

この君たちを苦しめた、悪口やいやな行い［子どもたちが書いた紙：筆者注］をこれから、この黒い袋に入れるよ。しかし、これは、捨てません。もし、これを捨てたら、焼却場に行って燃やされます。燃やされたら、また、その煙が空気中に散らばって、再び、私たちの教室にくるかもしれません。それは、困ります。だから、二度と、同じようなことが起きぬよう、厳重に封をして、先生が預かっておきます。この封が再び破られることのないよう、先生は願っています。（前掲書、p．127）

この非科学的な文章からわかるのは、赤坂氏は、言葉を人から離れて移動して、人にとりつくモノとしてとらえる一種の「言霊主義」を採っているということです。むしろ、それを演じているのでしょう。当然、焼却された灰が子どもたちのもとに舞いもどるなど、ありえません。これは、子どもたちの科学的な物の見方、考え方の成長を損なっているといえるほどです。それでも、黒い袋（悪い言霊）を教師が保管するのは、子どもたちに恐怖感を植え付け、子どもに対して優位に立つことで、クラス内の問題を「解決」したことにしているのでしょう。

ここまでの指導が日本各地で行われているとは信じたくありませんが、「ふわふわ言葉」と「チクチク言葉」は教員多忙化を背景にした、使い勝手のよい指導法なのです。言葉を「ふわふわ言葉」と「チクチク言葉」に二分化し、後者をできるだけ排除し、前者を推し進めるこの運動。果たして子どもたちは、この二分化の中で、本当は何を感じているのでしょうか。

たとえば、「チクチク言葉」の代表例とされる「死ね」という発言の奥には、子どものどのような思いがあるでしょうか（「死ね」はもはや「チクチク」ではないと思いますが）。もしかして、誰かに言われたことがあるのかもしれません。学童保育や家庭での様子はどうでしょう。「死ね」と言うことで、何を伝えようとしているのでしょうか。これらの問いは「死ね」という言葉を禁句にしたところで残り続けます。

「ふわふわ言葉」にしても同様です。わたしの子どもRは、簡単なことでほめられるのが嫌いです。「馬鹿にされている気持ちになる」のだそうです。たしかに単に「ふわふわ言葉」のカードを1枚よこされたような気分になるのかもしれません。このように実は、特定の言葉が過剰になることで、かえってその言葉が意味を失っているのです。

3・言葉の力をたしかめるには

少し前のことになりますが、タレントから自民党国会議員になった今井絵理子氏は、「批判なき政治」を目指すと宣言し（2017年6月23日、本人のTwitterにて）、代議士である人間がいったい何を言っているのかと、それこそ批判の声が上がりました。しかし、これは笑いごとではなくて、物事を鋭い言葉で批判することが許されないという一部の空気を彼女自身が体現しているのだと思いました。
もちろん、子どもたちが不必要に傷つくことは防がなければならないし、万が一そのようなことが起きてしまったときはていねいなケアが必要です。しかしながら、人間同士のすれ違い、あるいは対決は、人間生活から切り離せないものです。ましてや、初等教育の段階では、そういった人間の営みを（適切な教材を通して）十分に体験させることが必要だと思います。そのための作品が国語教科書にはたくさん載っています。
わたしも、赤坂氏が言うように言葉が意識を形づくるという側面は否定しませんし、むしろ、わたしたちは「言葉の生産物」といえる存在です。たとえば、わたしたちは名前を知らない色合いを認識することが難しいし、名前を知らない木の実は目に入らないことが多いです。あくまでも言葉というフィルターを通して、わたしたちは世界とつながっています。それでも、赤坂氏の左記のような発想は教育現場にもち込むべきではありません。

みなさん、身体と心はつながっていてね。寝不足でも「あーあ、よく寝た」と言えば、身体はしゃきっとしてくることもあります。だから、何かするときに、「やったあ」とか「よし」と言ったりすることで、やだなあと思っているときでもやる気が出てきますよ。

（前掲書、p．131）

このように、過労死やハラスメント被害者まっしぐらの思考法を、子どもたちにインストールするのは恐ろしいことです。社会生活の中で発せられる「NO」は「チクチク言葉」ではありません。自らと他者の境界を守る大切な言葉です。時に「NO」が私たちの命を守るのです。したがって、「ふわふわ言葉」と「チクチク言葉」の学習は、子どもの思考を単純に二分化する問題のある指導法だといわざるをえません。テンプレート化されていない子どもたちの言葉は、時に詩のようであり、時に叫びです。その多様性を失うことは損失でしかありません。

また、こうした指導案が、教員多忙化の中で歓迎されているとしても、こうした事態そのものを問い返さなければなりません。具体的に私たちに何ができるかといえば、こうした授業参観の後に直接に意見を言うのでもいいし、こうした授業が行われているのを知ったときに連絡帳に心配な点を書くこともできます。保護者も学校の構成員であることを忘れずに、萎縮せず、それこそ「対話」を求めていきましょう。

●文献

赤坂真二『友達を「傷つけない言葉」の指導——温かい言葉かけの授業と学級づくり』学陽書房、2008年

手塚郁恵『好ましい人間関係を育てるカウンセリング』学事出版、1998年

手塚郁恵『自分を嫌いなあなたへ　マインドフルネス・セラピーの言葉』春秋社、2014年

東　春菜「子どもの心を軽くする保健教材　ふわふわ言葉・チクチク言葉を考えよう」『心とからだの健康』建学社、2016年12月号、p.59

《初出》子どもの思考と精神の自由を縛る「ふわふわ言葉」「チクチク言葉」　教育現場への浸透は危うい——二分法と精神論による指導ではなく、「言葉の力」をこそ学ばせるべきだ『論座』朝日新聞社、2022年12月10日

2-2 子どもはもはやマイノリティ

1●子どもの「マイノリティ化」

前章でわたしは、子どもたちの「公園への囲い込み」から「追い出し」が進んでいるのではとお伝えしました。しかし、まだ深く考えられていないことがありました。それは、目に見えて子どもの数が減っているのに、どうして子どもに対する社会の目線が厳しくなっている（ように感じる）のかという疑問です。もっとざっくりと言うと、少子化なのに子どもが大事にされないのはナゼ!?ということです。

公園での遊び方に限らず、公共交通機関へのベビーカーの乗車や、妊婦マークの着用をめぐって反発や嫌がらせもあると聞きます。なぜでしょう。数十年前は子どもの数は、今よりも2倍、3倍と多かったのです（**図1**）。であれば、世の中は子どもたちで、もっと騒がしかったはずです。

図１　京都市総人口に占める子どもの割合

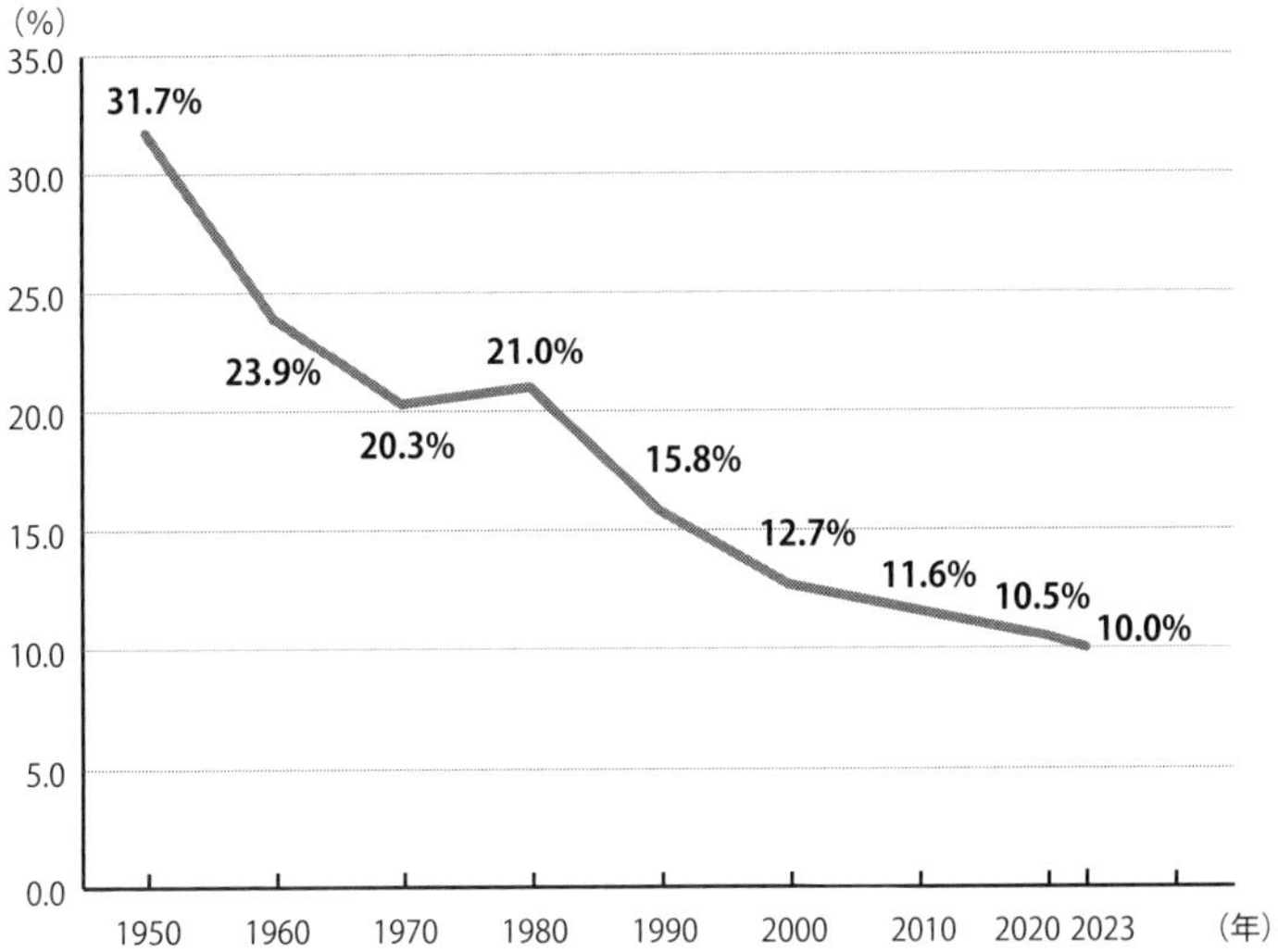

資料：京都市総合企画局情報化推進室統計解析担当「京都市のこどもの数」をもとに筆者作成

　これに対するわたしの仮説は、「子どもの数が減ったため、子どもの存在自体がマイノリティとなり、地域社会の中で《異物化》している」ということです。上に、わたしが住む京都市の総人口に占める子どもの割合を示しました（京都市総合企画局情報化推進室統計解析担当「京都市のこどもの数」を元に作成）。

　子どもが人口の３割を占めていた時代と、１割を切ろうとしている今日。１割といえば、性的少数者（ＬＧＢＴＱ＋）が人口に占める割合として、各種データで公表されている数字に近いです。ＬＧＢＴＱ＋の人々が自らの権利を求めて活動せざるをえないように、「子ども」という存在も、もはや社会における「マイノリティ」といえるのかもしれません。

ここで、法的に十分に守られていないＬＧＢＴＱ＋の人々と、前提としては法的に保護されている子どもを比べることは適切ではないという指摘を受けるかもしれません。しかし、社会における居場所の狭さを示す数字としては近いものがあるということを、わたしたちはどのように受け止めるべきなのでしょうか。

わたしの子どもは今でこそ小学生、中学生、高校生になりましたが、まだ赤ちゃんだった頃、複数のママ友と話したことがあります。それは「泣き声を児相（児童相談所）に通報されたらどうしよう」ということでした。「泣いたらまず窓を閉める」という声もありました。

虐待通報窓口である「１８９」のポスターが町中に増える一方で、育児を助けてくれる具体的な人はいません。そのような中で、誰に通報されるかわからないという不安を抱いていました。そのような日々の連続でも、子どもたちは無事大きくなり、今度は友達同士で外遊びするようになりました。親にとっては、育児史上初めて、少し手の休まる瞬間が来たのです。

ところがその中で出くわしたのが、公園での様々な禁止事項でした。近年京都市では、「球技禁止」の看板が増え始めて違和感はありましたが、今回その根拠を調べてみると、驚くべきことが明らかになりました。

京都市建設局所管の都市公園における球技に係る取扱基準
（2013 年 4 月 1 日施行）

（前略）

1　都市公園内においては、次の場合を除き、球技を認めない。

(1) **幼児や小学生が少人数でボール遊びを行う場合。ただし、バットの使用、チームで行う野球やサッカー等は認めない。**（以下省略）

2　都市公園内の広場について、おおむね次の要件を満たす場所を「球技広場」と定め、球技広場においては、幼児や小学生によるバットの使用やチームで行う野球やサッカー等を行うことも認める。

（以下省略）

都市公園とは、厳密には20近い区分がありますが、住宅地にある「街区公園」すなわちふつうの公園も含まれます。つまり上の基準では、京都市では球技広場を除く、あらゆる公園での球技を禁止していることになります。

取扱基準上では「チームで行う野球やサッカー等」以外のボール遊びがあるとしても、それが「等」に含まれないとは限りません。むしろ、どのような遊びなら可能なのか、判別ができません。幼児さんがボール転がしをするくらいのことはOKでも、「球技」に関しては包括的に禁止していると読むことができます。現在は、まだこの取扱基準が厳しく適用されているわけではないので、子どもたちは「違反」しながらボール遊びをしていますが、もしこれが厳密に適用されたらどうなるでしょうか。

2 ●「本当は子どもたちで解決したい」——子どもの生きた言葉から

2022年の12月の半ば、京都市内のある公園でたったひとりボール蹴りをしている男の子と出会いました。ここでは仮名でAくん（小学4年生）とします。「少し公園についてお話聞かせてもらっていいかな」というわたしの問いかけに対し、Aくんは1時間近くも雄弁に語ってくれました。Aくんがよく過ごすこの公園では、ボール遊びによるトラブルが絶えませんでした。子どもが放ったシュートが公園の柵（おとなの腰ほどの高さ）を超え、民家の窓ガラスを割ったこともあったそうです。そのたびに町内のおとなと子どもで話し合いを重ね、今ではゴールとする場所を鉄棒やトイレの壁へと変えています。

この公園でかつてボール遊びを一時的に禁止したときは、代わりに町内全体を使った鬼ごっこが始まり、その結果、民家の自転車を子どもが倒すなどの事態が発生し、トラブル続きだったそうです。子どもの創意工夫がうまく実らないもどかしさが伝わってきました。「町内の人ともすごく話し合ってきた」にもかかわらず、この状態をAくんは「希望がない」と語りました。「いっぱい人と遊ぶことは悪いことじゃない」と。

見ず知らずのおとなは「他の場所で遊べばいいではないか」と言うでしょう。しかし、Aく

Aくんは寒い中、たくさん語ってくれました

んの話をていねいに聞いているうちにわかってきたのは、公園ごとに子どもグループの「なわばり」があり、簡単に他の公園に入り込めないこと、一つの公園を明け渡してしまうと、他学年や中学生に占拠されてしまうことなど、子どもグループ同士のバランス問題があることでした。小学校高学年から中学生にかけて、子どもたちは思春期に入っていきます。自分は誰といたいのか、誰といたくないのか考える時期なのです。学校では「みんな仲良く」がモットーとされるため、放課後くらい気の合う仲間と過ごしたいというのが子どもの本音でしょう。

インタビューの終わりに、Aくんはこうも語りました。「本当は子どもたちで解決したい」。自分たちで話し合い、何か新しい解決策を見出したいという意欲です。わたしたちおとなは、この子どもたちの思いを引き出し、受けとめ、実際に解決のための場を用意する必要があるでしょう。「このお話を聞いただけでは終わりにしないからね」と約束してその場を去りました（２０２３年12月には、市長選挙の予定候補に、この地域の小中高生から要望書を手渡しました！）。

3●ボール遊びの問題整理からさらなる解決へ

これまで見てきたボール遊びの問題を整理すると、このようにまとめられます。

・公園が少なく、乳児から小学生、高齢者まで一つの公園を使うことになる
・公園が住宅地と密接しているため、ボールの飛び出しが大きな問題
・結果的に、最も活発に遊ぶ層を抑えなければならない

そのことをはっきりと表しているのが、京都市内の次のA公園です。A公園は２８５２平方メートルと、やや広めの街地公園で、フェンスで半分に仕切られており、遊具コーナーとグラウンドに分かれています。放課後や土日は子どもたちで賑わう公園です。まず、**写真1**の看板を見れば、ここではほとんどの球技ができないことがわかりました。

一方で**写真2**の横断幕を見れば、「フェンスを超えない」球技ならできることがわかります。

写真１：京都市内の公園で共通の看板。第１項で「危険な球技」は「絶対に」禁止されている

写真２：A 公園の横断幕。フェンスの高さは数メートルある

いったいどちらなのでしょうか。これではまるで、センター試験の現代文の選択肢のようです。さて、わたしが読み取った答えは何かというと、球技の種類が問題なのではなく、「住民の迷惑にならないこと」です。これが両警告文の共通点です。

京都市の公園を管理する北部みどり管理事務所によれば、こういった警告文は、住民からのクレームがあった場合に設置するそうです。警告文にどの程度反応するかは人によって異なると思いますが、わたしのような小心者は見張られている気がしてしまいます。先述した虐待通報ダイヤル189の場合と同じです。もっといえば、子どもたちはこのような警告文に囲まれて、どのような気持ちで遊んでいるのでしょうか。

わたしが最も問題だと思うのは、こうした警告文が子どもとの対話や地域での広い話し合いなしに、どんどん増殖しているという現実です。子どもたちが元気に外で身体を動かすことは、子どもの心身の両面にとって重要なことです。その権利は奪ってはなりません。

現に世のおとなたちは、文科省（スポーツ庁）が発表する子どもたちの体力測定の結果に対し、しょっちゅう嘆いていますよね。ボールの飛び出しが問題ならフェンスの高さを上げたり、見た目は劣りますが檻状にし、アメリカで見られるような球技場にすることもできます。ボールの硬さが問題なら、柔らかいボールを選ぶこともできます。対話やオプションなしに、一方的な禁止ばかりが増えるのは、筋が通りません。たとえば神戸市は、京都市とほぼ同じくらいの人口がありますが、公園の球技に関しては市として禁止することはなく、ケースバイケースで周辺住民が話し合っています。

ちなみに京都市には、球技を行える「球技広場」が数か所あるそうなのですが、驚くべきことにどの公園が該当するのか公開していません。「球技広場」は近隣住民との合意で設置された公園であり、あくまでも近隣の子どもたちが遊ぶことを目的としているので、場所を公表して他地域の人々を招くことは想定していないそうです。

「フェンスを越えない」球技ならできるように見える先述のA公園は、わたしの問い合わせでは「球技広場」には該当しませんでした。これは調べたところ、「わからない」ということが「わかった」というケースです。それでは市民の知る権利がないがしろにされてしまいます。

わたしが北部みどり管理事務所へ質問状を提出したところ、話をする機会を得ることができました。そもそもの出発点としては、公園全体を使ってしまうような「占有的な遊び方」が指導対象だったそうです。しかし、個別の指導が追いつかなくなり、2013年に統一基準を設けました。わたしの聞き取りによれば、基準作成の際に子どもの専門家は交えなかったそうです（市役所本庁からのアドバイスは受けたとのこと）。

わたしからは、看板にある「サッカー等」という記述がすべての球技を含むように読めることや、「迷惑」という文言の曖昧さの問題点を指摘しました。それに対して今後、北部みどり管理事務所では、新たな看板作成の機会があれば、こういった表現は公園で遊ぶ主体である子どもたちにわかる表現にすることを目指すと言ってくれました（2022年12月27日インタビュー）。でも、子どもたちが自由にボール遊びのできる場所がないという問題は、根本的には解決していません。

4●「迷惑」を超えて

何が「迷惑」にあたるかは、客観的には示せません。子どもたちの走りまわる声は「迷惑」？　バスに乗り込むベビーカーは「迷惑」？　妊娠を示すキーホルダーは「迷惑」？「迷惑」であるならば、いつから「迷惑」になったのでしょう？

この問題を解く一つのカギが、冒頭にあげた少子化です。かつてのようにマンションであちこちの赤ちゃんが泣いていれば、赤ちゃんの泣き声は気になりません。でも、もしマンションに1人しか赤ちゃんがいなければ、その泣き声は住民の注目の的となってしまいます。つまり、近年の子どもに関する「迷惑《問題》」は、子どもの数の激減による《注目効果》が大きいと考えられます。

これからは、子どもたちの権利を真ん中においた対話の場をつくっていくことが必要です。

「必要だ」と書くだけでなく、実行に移し、報告したいです。

また、今回はわたしの子どもたちにも感謝を記したいです。わたしは、子ども時代には球技が大の苦手で、「この世から球技が消えればいいのに」と念じていたほどでした。ところが身体を動かすことが好きな子どもたちに恵まれ、その世界を少しずつのぞくようになりました。子どもたちとの二人三脚が、わたしをいろんな場所へと連れて行ってくれます。

《**初出**》遊びを奪われ、地域社会の中で〝異物〟扱いされる子どもたち――「迷惑」をキーワードに議論なく広がるボール遊びへの「警告」『論座』朝日新聞社、2022年12月30日

2-3

ゆるキャラ「すみっコぐらし」への共感

「すみっコぐらし」と言われて、なんとなくイメージできる人も多いと思います。淡い色合いの丸いキャラクターは、どれも柔らかな雰囲気で、キャラクターグッズにありがちなケバケバしさがありません。つまり、子どもにとって流行りのキャラクターである一方で、おとなにとっても買いやすい部類のキャラクターです。

ところがそのキャラクターと生い立ちに迫ろうとすると、その壮絶なストーリーに圧倒されます。決して「ゆるキャラ」の枠にとどまらず、現代社会の生きづらさを鋭くえぐり出しているのです。

ここでは、小学生からおとなまで圧倒的な人気を誇る、「すみっコぐらし」の秘密に迫りつつ、その共感の根っこにある現代社会の「生きづらさ」について目を向けます。

1 ● キャラクターの誕生とその背景

「すみっコぐらし」は２０１１年に（株）サンエックスの社内コンペで生まれました。その年に入社した新人デザイナーのよこみぞゆり氏が、大学時代のノートの切れ端に描いたキャラクターを改めて練り上げたものです。売り上げは順調に拡大し、２０１９年の時点で「関連商品の売り上げは年間約２００億円、アイテム数は１万を超え」ました（『朝日新聞』２０１９年８月１日）[1]。今では文房具からインテリアまで、ないグッズはないのではと思うほど販路を広げています。

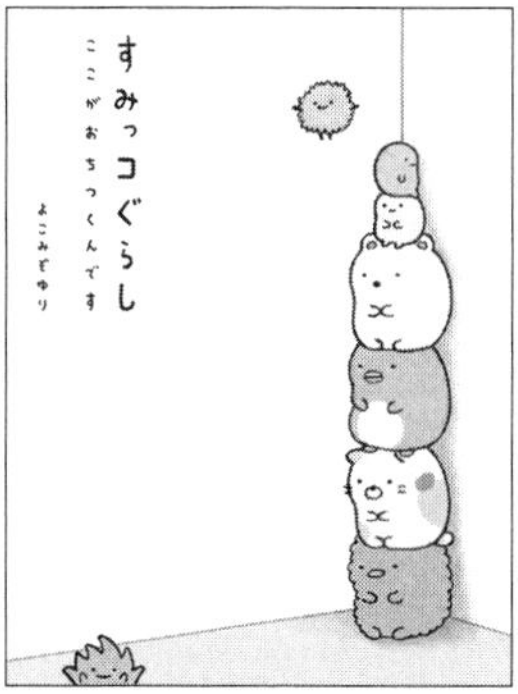

『すみっコぐらし
ここがおちつくんです』
絵と文　よこみぞゆり
主婦と生活社　2014 年

よこみぞ氏のノートでまず考案されたのが、現在でいう「たぴおか」に似たキャラクターで、「吸いにくいから残されてしまったひねくれものという設定」だったそうです（同前）。この点からもわかるように、「すみっコぐらし」とは社会の表舞台の中心にはいられない事情を抱えたキャラクターたちが、隅っこで肩を寄せ合って暮らしているということが、メインコンセプトとなっています。表記で「すみっコぐらし」と「コ」がカタカナになっているのも、空間的な角を意識させています。

２０１４年に第1刷が発行された『すみっコぐらし ここがおちつくんです』（絵と文 よこみぞゆり、主婦と生活社）では、メインキャラクターそれぞれの「解題」が書かれています。

「しろくま」…北極生まれながらその寒さに耐えられず、一人南下。さびしがりやで、相棒の「ふろしき」を愛用しています。

「ぺんぎん？」…黄緑色のボディは、先祖がカッパだったことを想像させますが、真相は不明。自分探しに苦しんでいます。

「ねこ」…他のキャラクター同様に丸みを帯びた体をしていますが、本人は痩せてスリムなねこにならなければと焦っています。

自分はいったい誰なのか？　北極から逃げたしろくま、色のおかしなペンギン、いつまでたってもダイエットに成功しないねこは、自分が誰であるかという「アイデンティティ」の悩みと格闘しています。他のキャラクターも見てみましょう。

「とんかつ」…トンカツの端っこで99％が脂身の部分。「油っぽいから残されてしまった」

「えびふらいのしっぽ」…トンカツ同様、人間の都合で硬いからと残されました。

「たぴおか」…吸い残された４粒です。

これらのキャラクターは、人間によって一方的に引かれた線引きによって、排除される側となった痛みを抱えて生きています（トンカツの脂身、残しますか？）。ここまで見ただけでも、「すみっコぐらし」が、アイデンティティをめぐる切実なストーリーであることがわかります。キャラクターは、ほかにもいます。

「にせつむり」…なめくじが殻をかぶっています。「うそをついていることをうしろめたく思っている」

「とかげ」…恐竜の生き残りですが、カミングアウトしてしまうと捕獲されるので、とかげとして生きています。そのことによって、恐竜の姿をしたお母さんと会えないでいます。

（以上、『すみっコぐらし ここがおちつくんです』から要約、引用）

この2人（？）は、自分の生き方が、他者をだましているという罪悪感に苦しみながらも、生存戦略というよりも「殺されないための作法」として、このように生きることを選択しています。

以上、主なキャラクターについてざっと見てみましたが、どれもアイデンティティの揺らぎの中で「自分は◯◯になれていない」、あるいは「自分は◯◯ではないのでは？」と自問自答をくり返しています。これらの問いはわたしたちの日常でも、あちこちで直面する問いではないでしょうか。

特にSNSの普及にともない、SNS上の自分と本物の自分のギャップを苦しく思う人も多いはずです。また絶えず消費をうながす消費社会そのものが、わたしたちがわたしたちであることを許さないという側面もあります。電車に乗ればデカデカと目に飛び込んでくるのは、脱毛に英会話、自己啓発本の広告です。「××ではダメだ！　○○になれ！」と常に追い立てられながらわたしたち、そして子どもたちも暮らしているのです。

2●「すみっコぐらし」でのアイデンティティの描かれ方

哲学者のアマルティア・センは、アイデンティティがその言葉の意味とは違って、単一のものである必要はないと説きました（アイデンティティの複数性）。日本でいえば、小説家の平野啓一郎さんが「分人主義」を唱えています。人間にはいくつものバックグラウンドや顔があるのであり、それを認めていこうという考え方です。アイデンティティが「一つの正しいもの」ではなくてもいいと思えたときに、人の肩からは荷が下りるのではないでしょうか。

たとえば「すみっコぐらし」では「にせつむり」は、文字通りなめくじです。でも、それが周囲に伝わるのを防ぐために、細心の注意を払いながら「かたつむり」として生きています。

果たしてそれを笑うことはできるでしょうか。なめくじとわかったとたんに、人間に塩をかけられる可能性すらあるのです。

ところが、「すみっコぐらし」の仲間は、「にせつむり」がかたつむりではないことを知っています。要するにバレているのです。それを知ったうえで、「にせつむり」がなめくじであろうがかたつむりであろうが、かたつむりになりたい「にせつむり」を大切にするのです。そのことが柔らかであたたかなタッチで描かれることで、わたしたち読者も、愛おしさをもって共感することができるのです。

ここでUちゃん（当時小5）が「アイデンティティって何？」と質問をくれました。そこでこう答えてみました。

「アイデンティティっていうのは《自分は自分である》って感じられることなんだけど、たとえば『しろくま』はそう思えているかな？　北極から逃げてきて、寒がりで、そんなの『しろくまじゃない』って思う人もいるかもしれないけど、でも実際に『しろくま』はそういうふうにしか生きられないでしょ。アイデンティティって、そういうことじゃないかな？」

Uちゃんは、小学校入学と同時に「すみっコぐらし」に夢中になり、わが家の隅っこにはそのぬいぐるみが山積みになっています。彼女の「すみっコぐらし」への共感をていねいに観察すると、単なる「癒し系」ではなく、キャラクター一人ひとりの「痛み」に自分の気持ちを重ね合わせることで、柔らかな連帯が生まれるのだと思いました。

3・単一の尺度で評価される学校の息苦しさ

幼稚園や保育園と違い、小学校では、点数や成績といった単一の尺度で評価されることを感じる機会が多くなります。そして自分は、尺度に対してどのあたりに位置するのかを意識するようにさえなります。多くの自治体で実施される「学力テスト」も同様です。たとえば京都市ではそれに加えて、独自の学力テストが小学5年・6年とあり、その「プレ」と呼ばれるものが3年・4年で実施されます。そこでは、自分の成績が京都市平均に対してどれくらいのポジションを占めるのか、図で直接示されます。

自ら希望する民間塾の模擬試験の結果ならまだしも、果たして子どもたちが「あなたはこれくらい」というジャッジを人生の初期段階から受ける必要があるのでしょうか？　このことがどのような「教育的効果」を生んでいるのか、保護者と教員のあいだでもまったく議論されていないのが、学力テストの実態です。

Rくんが「すみっコぐらし」の本を読みながら、笑い声をあげたり「癒される～～」と言うのは、すでにこれまで小さな体に刺さった痛みがあるからなのかもしれません。「何か」にならなければいけないが、なれないという矛盾や焦りは、おとなだけのものではありません。

他方、世界に目を向けると、スウェーデンでは子どもが基礎小学校6年生になるまでは成績をつけません。なぜなら「子どもがその年齢に達するまで、発達や能力の優劣によって分類されることは子どもの自己形成によくないと考えられている」からです（泉千勢・編著『なぜ世界の幼児教育・保育を学ぶのか』ミネルヴァ書房）。[2] 子どもを発達や能力の優劣によって分類することは、たしかに暴力的な側面をもちます。そしてそのときに負った心の傷は、長いこと癒えません。

わたしが担当していた短期大学の学生も、このスウェーデンの考え方に強い共感を示すことが多かったです。子どもの頃に学校で突きつけられた「できなさ」は、成人になってもなお、心に刻み付けられています。わたしたちは、こう思ってはいないでしょうか。「どうせ競争社会に放り出されるのだから、子どもは早いうちから慣れておかないと」。

しかし、この考え方こそが、子どもが今を生きていることのウェルビーイングをないがしろにし、ひいてはこの国に暮らす人びとが「生まれながらの権利＝人権」を十分に実感できない社会をつくってしまっているのではないでしょうか。ここはやはり、全国の子どもたちが「すみっコぐらし」に見出している思いにふれ、抱きしめたいです。

●注

1 「すみっコぐらし原点は落書き　かわいそうなかわいさ共感」『朝日新聞』2019年8月1日付記事

2 泉千勢・編著『なぜ世界の幼児教育・保育を学ぶのか——子どもの豊かな育ちを保障するために』ミネルヴァ書房、2017年、p.77

《初出》ゆるキャラ「すみっコぐらし」は、現代のアイデンティティ物語だ——「生きづらさ」へ の鋭いまなざしと批評性を備えたストーリーの魅力『論座』朝日新聞社、2022年1月6日

コラム3

その子のタイミング

何事にも慎重なRくん。小1で自転車を買いましたが、すぐに乗りこなすのは難しくギブアップ。いわく「オレの命のほうが大事」(!)。しかし10歳の誕生日を前に突然練習を開始し、1日で乗れるようになりました。

成長のタイミングは子どもが決めるんですね。

コラム4

秘密の出入り口

「お宅の息子さんがベランダから出入りしているって、向こう側のマンションから見えるって言われましたよ」。小学校低学年の頃、お隣さんに言われちゃいました。マンション1階のわが家にベランダから出入りするブームがあったのです。まる見えだったとは！

3

いのちを生きる

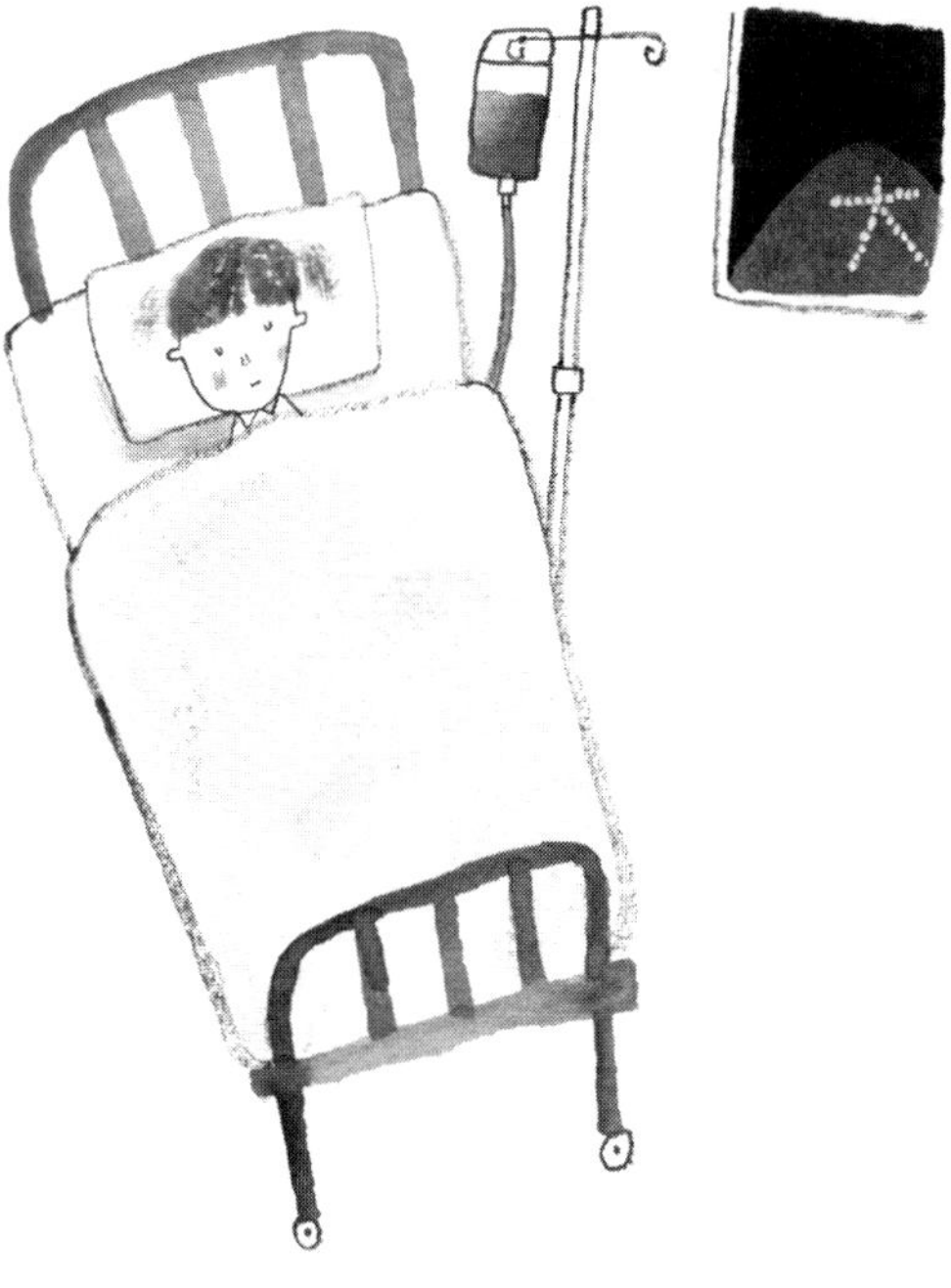

2年生のクリスマス、白血病は突然に

「この年齢で体重減少があることはおかしいです」

2021の年のクリスマス、8歳のRくんは大好きなはずのチキンにも手を伸ばさず、横になりました。よっぽどお腹の調子が悪いのでしょう。数日前も学校で吐いてしまい、それからお休みを続けていました。冬の胃腸風邪に違いないと、そっとしておきました。

お正月、おみくじを引こう!と最寄りの神社まで初詣に連れ出しました。ところが、Rくんは歩いては止まり、歩いては止まりをくり返し、ついには座り込んでしまいました。これはお腹の風邪とは違うのではないか?　明日1月6日から小児科が始まるから行こう、と決めました。

かかりつけの小さな小児科では、毎回体重測定があります。すると2キロ減っていることがわかりました。あっかんべーをしても血の色が薄いとのことで大きな病院に紹介状が出されました。H先生は「8歳というこの年齢で体重減少があることはおかしいです」ともおっしゃっていました。

急いでタクシーに乗り、今度はバプテスト病院へ。ちょうどコロナの時期だったので、屋外テントのようなところでPCR検査を受け（涙が出るほど痛い！）、中に入り、血液検査を受けました。その結果、すぐにもっと大きな病院に移動しますと言われました。またタクシーで行こうしたら、「お母さん、救急車ですよ！」とのひと言。医療ドラマのように、あっという間に運ばれて行きました。

救急車の中からは、わたしが長いこと通った京都大学や保育園までの道が見えました。まさに生活圏を救急車で移動しているという不思議。この子はそんなに悪いのか、頭がグルグルと回っているようでした。大丈夫、きっと貧血か何かに違いない。

京都府立医科大学に搬送され、今度はここでもPCR検査。前の病院の結果は使えないそうで、Rくんはここでも涙を流しました。結局この日は、合計4回もPCR検査をしたのでした。小児病棟に上がることができ、点滴につながれ眠っている姿を見るとほっとしました。もう大丈夫。


夜のカンファレンスルーム、白衣のお医者さんたちに囲まれて

夜20時ごろにカンファレンスルームでお医者さんたちに囲まれ、いわゆる「告知」の時間がありました。先生たちはみな白衣を着ているので、その場が白かったことだけは記憶に残っています。白血病だと言われたときには、さすがに泣き崩れましたが、ひと通りの説明の後には次々と治験への同意書が出され、「わたしも研究者です！」とファイトが湧いてきて、一気に書類を埋めました。

ここからが長い闘病でしたが、忘れることがなかったのは、最初にかかった小児科のH先生への感謝です。果たして、「嘔吐」「体重減少」「目の下の白さ」…これだけで血液疾患や小児がんを疑えるでしょうか。実際に、症状が一般的な風邪と酷似しているので、病院間をたらい回しにされているあいだに、白血病細胞がどんどん増えてしまったという例を見聞きします。わが家では「H先生へは足を向けて寝られないね！」と話しつつ、寝室の向きのせいで足を向けています（すみません…）。

3-1

病院にも学校がある!?
わが子を通して知る「院内学級」の希望と課題

1 ● 重病児の一人ひとりにも学ぶ権利を

Rくんが入院してしばらくは、手続きに追われる毎日でした。その中でも、早い段階で行われたのが、当時通っていた小学校から、病院内の「院内学級」（分教室）へ転校する手続きでした。外から見えませんが、こんなところにも学校があるのかと、教育学を研究してきた立場からも感心してしまいました。先生たちとの面談も行われ、子どもの特性についてや、親としてどういう教育を望むのかを話し合う場が用意されました。

院内学級を見渡すと、さまざまな学年の子どもたちが描いた絵が貼られ、本もたくさんあり、所狭しと楽器も置かれていました。図工室と図書室と音楽室が一緒になっているようでした。通常の小学校にはない、いい意味での「ごちゃごちゃ感」に期待をもちました。「もしかしたら、ここでは離島のようなインクルーシブな教育が受けられるかもしれない。人

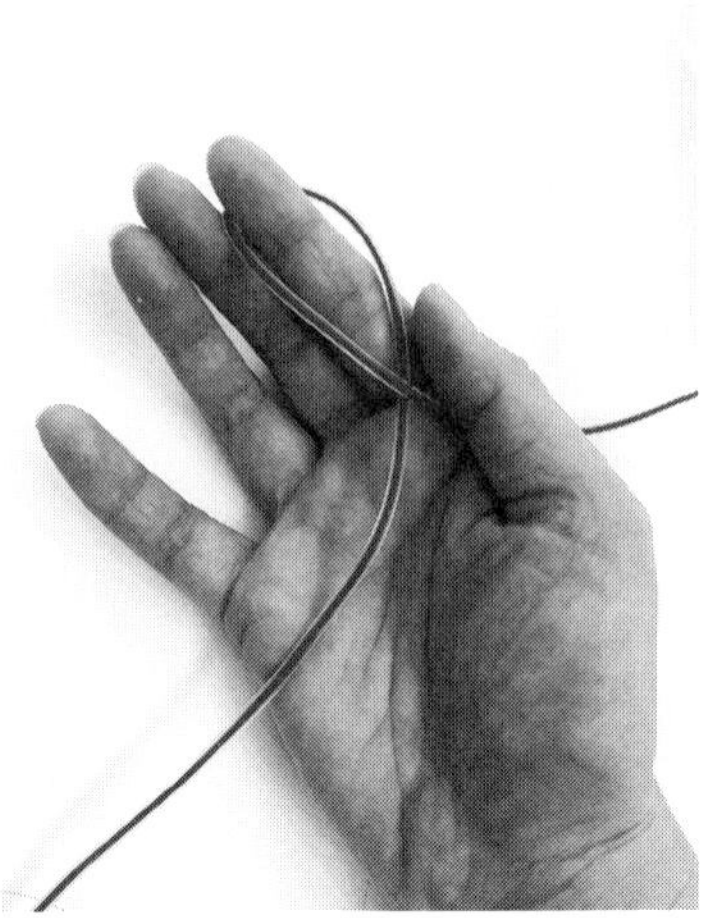

輸血は、ぐったりしていた子どもが急に笑い出すほど抜群の効果があります。いつもどなたかの献血に感謝していました

口約１４５万人の大都会・京都市に住みながら、『へき地』に留学しにきたと思うことにしよう!」。先の長い闘病に心が折れそうになっていたので、少しでも前向きなことを見出そうと、そう自分に言い聞かせました。

２ ● 院内学級の歴史とその制度の成り立ち

そもそも、多くの人は「院内学級」という言葉を初めて聞くと思います。病院に長期間入院している子どもたちのために、小児病棟の近くに設けられた公立学校（小中高）の教室を指します。厚生労働省は、小児病棟のある病院すべてに院内学級を設置する目標を掲げましたが、２０１１年時点での設置率はまだ約３割に留まっています（『朝日新聞』２０１１年2月16日夕刊）。病院内に設ける教室のため、病院側の理解・協力が前提となるのもハードルです。

図１　学校制度の成り立ちと障害区分

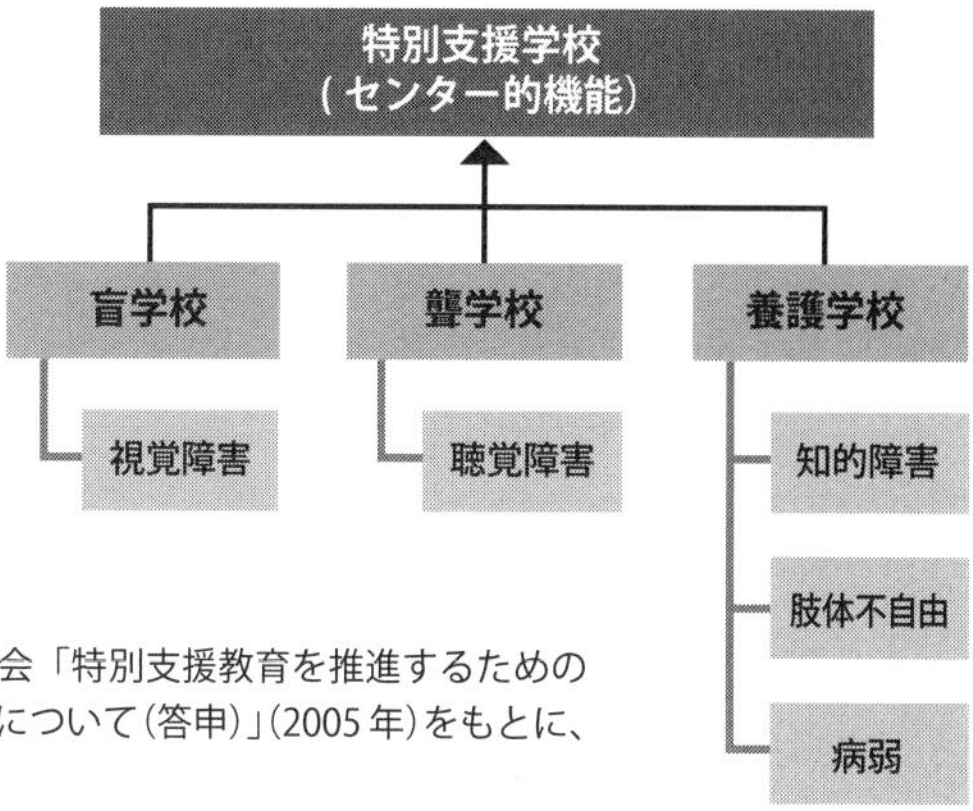

中央教育審議会「特別支援教育を推進するための制度の在り方について（答申）」（2005年）をもとに、筆者作成

この院内学級は、実は障害児教育の枠組みに位置づけられています。中央教育審議会（中教審）は、２００５年に「特別支援教育を推進するための制度の在り方について（答申）」を発表しました。盲学校、聾学校、養護学校に代表される障害区分での学校設置を見直し、重複する障害を抱える子どもに対応できるようにすることや、増加する発達障害やＡＤＨＤ、高機能自閉症に柔軟に対応することを打ち出しました。養護学校内に区分されていた院内学級もこの答申を受けて、より弾力的な運営が行われることとなりました。

　では、どのような子どもが、院内学級に通っているのでしょうか。文部科学省のホームページによれば、「病弱」の定義は次の通りです。

【病弱・身体虚弱とは】

病弱とは、心身が病気のため弱っている状態をいいます。また、身体虚弱とは、病気ではないが身体が不調な状態が続く、病気にかかりやすいといった状態をいいます。これらの用語は、このような状態が継続して起こる、又は繰り返し起こる場合に用いられており、例えば風邪のように一時的な場合は該当しません。

つまり「病弱」とは正確な医学用語ではありません。そこで具体的には、次のような疾患が挙げられています。

【障害の程度】

一　慢性の呼吸器疾患、腎臓疾患及び神経疾患、悪性新生物その他の疾患の状態が継続して医療又は生活規制を必要とする程度のもの

二　身体虚弱の状態が継続して生活規制を必要とする程度のもの

（学校教育法施行令第22条の3）

こうした状態にある子どもに対しては、病院内に分校・分教室を設けるだけでなく、設けられない場合も病室や自宅に教師を派遣し、訪問教育を行うこともできるそうです（！）。まさに、子どもの「教育を受ける権利」を、身体状況の異なる一人ひとりのレベルまで実現しようとしているといえます。

ここまでの整備がなされるまで、長い時間がかかったことは言うまでもありません。病児の

ための教育を求める動きは戦前からありましたが、それが実ったのは戦後の一連の法整備の中でした。戦後は、まず「日本国憲法」によって子どもの「教育を受ける権利」が謳われ、その理念を実現するために「教育基本法」や「学校基本法」がつくられました。その過程では、当時蔓延する結核にかかった子どもたちをどのように扱うかが議論となったそうです。当時は「病弱児に教育を行うと病状が進行するとの考えが根強く」、学校教育法で就学猶予・免除の対象となりました（「病弱教育の歴史と制度」（2）西牧謙吾、p. 1）。

一方で、そのほかの身体虚弱者は「特殊学級」で教育することが定められました。しかしながら、「特殊学級」のあるところにニーズのある子どもがいるとは限らず、病弱児のための養護学級が民間で自発的につくられていったのです。そこで国も、より一層の施策を打ち出しました。

現在は、医療の発展によって子どもが「病弱」にとどめおかれる時間が短くなり、病弱児としてカウントされる数も減少しています（前掲、p. 3）。しかしながら、治療期間が短期化しても、病弱教育のニーズがなくなったわけではありません。もっというなら、学校に行きたくても行けない子どもは不登校など他の形でも存在しています。一人ひとりの子どもにその子に合った教育を実現していく取り組みは、まだ道半ばといえるでしょう。

4 ● 院内学級の現在――コロナ禍で進んだ授業のハイブリッド化

　では、わが子を通して知った院内学級の現在について書いてみます。当然のことですが、病院の中にある学級なので、すべてにおいて医療が優先します。血液内の構成要素（白血球、好中球など）が基準を満たさない場合は、感染防止のため病室から出ることはできません。ですので、ベッドの上で何かに参加することになります。また、子どもがぐったりしているなど具合が悪いときも、院内学級に行くには無理があります。Rくんは「白血病なだけでたいへんなんだ！」と院内学級に参加することはありませんでした。

　では、このような子どもはまったく教育が受けられないのかというと、そうではありません。1人1台支給される「GIGA端末」（タブレットとしても使える小型パソコン）を用いて、院内学級とベッドをつなぐことで「出席」することができます。こうした遠隔技術を用いて、入院前の学校の授業に参加し、クラスメイトとの関係性を築くこともできます。

　しかし、明日どうなるかもわからない病気を抱えながら、ベッドを教室につなぐことは、強いモチベーションをもっていない限り難しいのを感じました。ビデオオフでオンライン会議に参加していてもなぜか疲れるというのは、コロナ禍を体験してきたわたしたちならわかると思

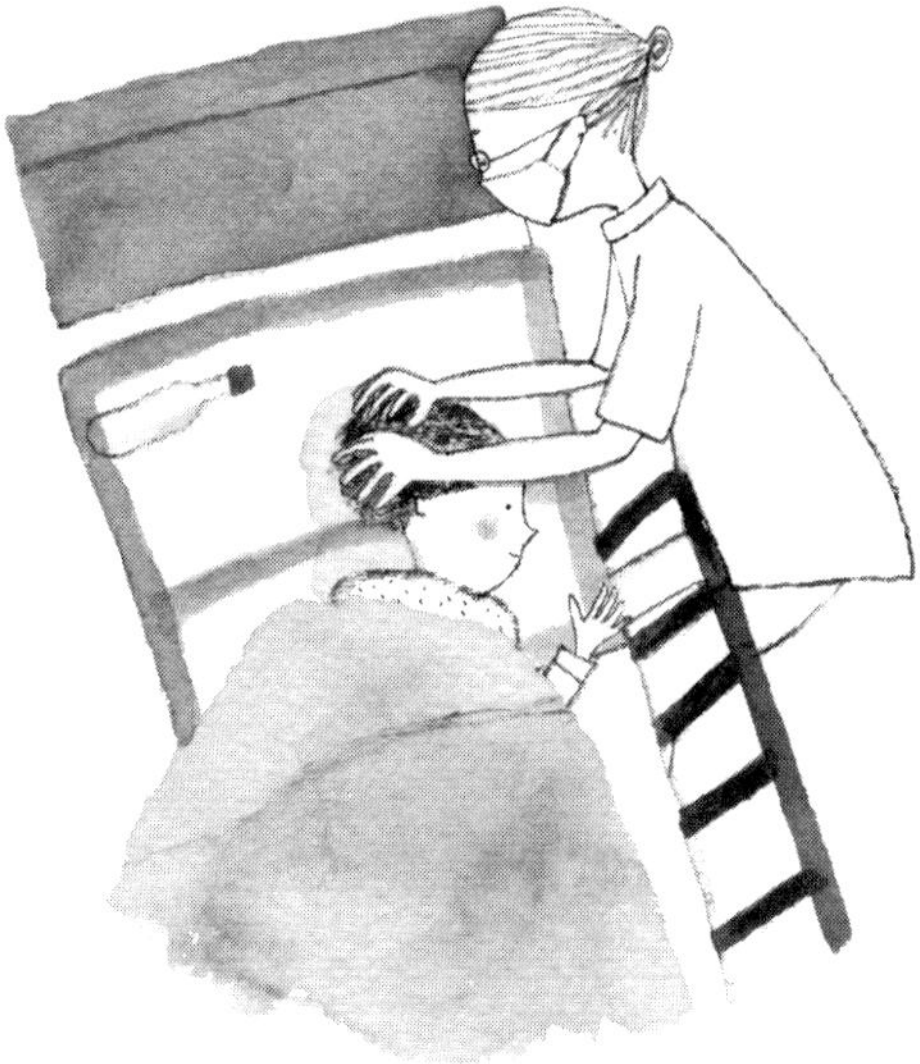

起き上がれなくなり、吸水シートの上で頭を洗いました（イメージ）

います。

また、対面授業とオンライン授業を組み合わせたハイブリッド形式の場合、教室にいる子どもたちの声や雑音を平等にマイクが拾ってしまうので、低学年であればあるほど、流れてくる授業に対して、一つのコンテンツとして没入することが難しくなります。中高生なら将来的にはテストや受験が控えているため、そうした面でのモチベーションもありますが、低学年でオンライン授業を活用するにはよほどの工夫が必要です。

5 ● 生と死への問いとわが子の学び

わが子の場合、つながることのしんどさからか、GIGA端末から授業に出席することはほとんどありませんでした。毎日病室を訪れる先生からプリントをいただいたり、GIGA端末でのさまざまな学習方法を教えてもらいましたが、それらにも手をつけることはありませんでした。当人いわく「病気と闘っているから、これで十分」。正論です。「教育を受ける権利」はあくまでも子どもも本人のものであり、本人がそれを望む状況でないのなら、無理強いすることはできません。ただ、これまで教育学者として、「教育を受ける権利」についてはあちこちで書いてきたぶん、いざわが子がそれを拒否するとなるとやはり動揺はありました。

では、フォーマルな教育を受けていない場合、どのような「教育」がありうるでしょうか。わが子の場合、低学年という理由で、Rくんには病名の告知はなされませんでしたが、本人は病名を知りたがりました。1月6日に入院したので「ゼロ・シックス」と便宜的に名づけるほどでした。担当のN先生も一生懸命考えてくださり、Rくんの知的好奇心に応えるような病名、たとえば「エル・ワン」（Leukemia=ラテン語由来の英語で「白血病」）はどうだろう、などと立ち話をしました。

ところが本人は、いつの間にか病名を知っていました。それも非常に現代的な方法で伝わっていたのでした。彼の病気を心配したUちゃん（当時小６）が、動画視聴サイトYouTubeで同じ病の子どものドキュメンタリーなどを見ていて、その検索履歴が、わたしのアカウントで同様に管理される彼のiPadにも表示されたのです！　それを見つけて「ぼくって白血病でしょう？」と言われたときは、こちらも覚悟を決めて「うん、そうだよ」と言うほかありませんでした。治る可能性もある。治らない可能性もある。そして治らないということは「死ぬ」ということだ――。そこから彼は「死」について考え始めました。人はなぜ死ぬのか。細胞はなぜ永遠に分裂を続けることはできないのか。そこからの関連か、物理の「永久機関」にも強い関心を示しました。こういった質問が矢継ぎ早に飛んでくる毎日。しどろもどろになりながら、彼の質問に答えようとしました。

こうした親子の時間がお互いにとっての「教育」であり、学びなのでした。もちろん、ここでは「教育」の意味が「学習指導要領」の指すところから外れてしまっていますが、これも「教育」でしょう。彼のこれらの問いは、お医者さんたちをも困らせました。「遺伝子が悪かったからこうなったんでしょう！」と憤り続ける彼を、白血病のプロフェッショナルの先生がわざわざカンファレンスルームに呼んで「それが、まだ本当のことはわからないんだ」と答えてくれたのです。こうした真摯なエキスパートの姿は、彼にも何らかの形で残ると思います。

6 ● 教育とは何か――小児病棟と院内学級のこれから

きわめてプライベートな切り口ですが、そこからしかアプローチすることのできなかった「院内学級」の姿について見てみました。突き詰めて考えてゆくと、結局「教育」とは何か、という問いにぶつかります。子どもは、一人ひとり驚くほど多様です。

わが子は、自分の身体の中で何が起こっているのか、その現象を知るだけでなく、「名前」も知りたがりました。こうしたわが子のようすは、主治医にくり返し伝えましたが、そういうことを望む子どもの方が少なく、病院としては想定外のようでした。名前をつける、というのは人間にとって根源的な行いで、これによって初めてそれを扱うことができるようになるというメリットがあります。たしかに、知りたくないこと、恐ろしいことを「知らされない権利」もあるはずです。しかし、その子が何を知りたいと思っているかを、人間形成のプロセスに位置づけ、病院と院内学級は把握・共有していく必要があると考えます。

また、Rくんが入院しているのは大学病院であり、主治医・看護師・保育士のみならず歯科や皮膚科、精神科、リハビリテーション科など多分野の専門家が子どもを支えてくれる場ですが、その分、その子どもを理解するにあたってのトータルの責任者が不在であるという印象をもちました。こういった状態に対して現在、小児医療の分野で日本でも注目されているのが「チャイルド・ライフ・スペシャリスト」（CLS）という有資格者です。CLSは、子どもとその家族が「精神的負担を軽減し、主体的に医療体験に臨めるようサポート」し、「心理社会的支援を提供する」ことを目的としています（チャイルド・ライフ・スペシャリスト協会ホームページ）[1]。CLSが院内学級と連携できれば、狭い意味での「学習」にとらわれず、その子どもが何を学びたいと思っているか、家族の希望を含め、掘り下げることができると思います。

しかしながら、CLSはアメリカ発祥の資格であり、CLS認定試験の受験資格を得るには、アメリカの大学・大学院で学ぶ必要があるため、日本国内にはまだごくわずかしか資格者がいません。アメリカの大学院にて英語で学び、試験に合格するとなると、日本の福祉関係者にはあまりにもハードルが高いです。日米のCLS協会同士で提携し、日本で受験できるようになれば、全国の入院児と保護者にとってとても朗報です。

数か月から数年に及ぶ長い時間を病室で過ごす子どもたち。特に昨今はコロナの影響で、面会者が制限されるだけでなく、さまざまな院内イベントも中止になり、昨日のつづきでしかない今日を過ごしています。小児病棟がいよいよ都会の中の離島と化す今、子どもたちが、病めるときも健やかなるときも、「あーいい日だった」と眠りにつけるように、各方面のおとなは力を合わせたいです。

● 注

1　チャイルド・ライフ・スペシャリスト協会ホームページ　https://childlifespecialist.jp

参考文献

小畑文也・田中 澪・米谷文直「山梨県内の小・中学校に設置された病弱・身体虚弱特別支援学級の現状と課題」山梨障害児教育学研究紀要、15巻、2021年、pp.137−142

中教審「特別支援教育を推進するための制度の在り方について（答申）」2005年　https://www.mext.go.jp/b_menu/shingi/chukyo/chukyo0/toushin/__icsFiles/afieldfile/2017/09/22/1212704_001.pdf

独立行政法人国立特別支援教育総合研究所『国立特別支援教育総合研究所ジャーナル』第3号、2014年　http://www.nise.go.jp/cms/resources/content/9146/20140418-171139.pdf#page=20

西牧謙吾「病弱教育の歴史と制度（2）」については左記参照

西牧謙吾 監修、松浦俊弥 編著『チームで育む病気の子ども［改訂版］——新しい病弱教育の理論と実践』北樹出版、2022年

藤井慶博・高橋省子・門脇恵「病弱特別支援学校におけるセンター的機能の現状と求められる対応」秋田大学教育文化学部研究紀要、73巻、2018年、pp.79−85

《初出》院内学級を拡充し、重病児一人ひとりに対応した「学び」の機会を——我が子の闘病体験から見た希望と課題『論座』朝日新聞社、2022年8月12日

3-2

「命を大切に」の暴力
道徳教科書から考える

1●見たことありますか？　道徳教科書

小学校での道徳といえば、わたしが子どもの頃は「テレビの時間」でした。いわゆる視聴覚教材を見るだけで、子どもたちに主体性は求められていませんでした。特に何かを話し合った記憶もありません。今から思えば、先生たちが意図的にそうしてくれていたのだなと気づきます。

ところが、小学校では２０１８年度、中学校では２０１９年度から「特別の教科」として位置づけられました。道徳の教科化は、第2次安倍内閣が主導した「教育再生実行会議」の提言を受けたものであり、愛国心との関わりなどが問題視されてきました。教科化に対しては、「心に成績をつけるのか」などの批判もあります。

さて、実際の教科書はどのようなものになっているのでしょうか。教科化されたことだけで

図1　2018年度 教科書採択占有率

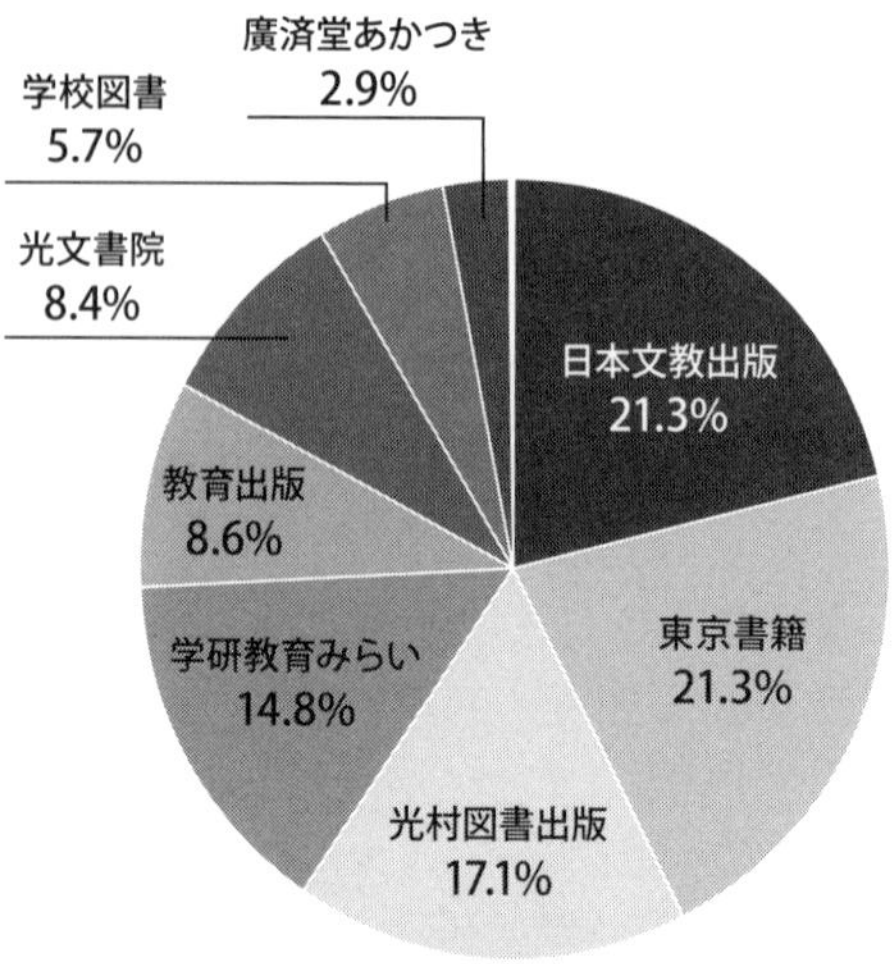

『産経新聞』記事（2017年11月7日）をもとに、グラフ 筆者作成

なく、今日の多忙な教育現場の事情をふまえると、教科書やその指導書に沿って授業を行うのが多数であると想像できます。したがって、国語の授業で「おおきなかぶ」や「モチモチの木」を読んだことが、かつて子どもだった人々にとって共通体験であるように、道徳の教科書に載っている物語がこれからの子どもたちの共通体験となっていく可能性があります。

結論を先取りしていえば、今の道徳教科書は論理的に議論を積み重ねるタイプの教材ではなく、結論を感情的に押し付けてくるタイプの教材が目立っています。その極端な例が、病気の子どもの死をテーマにしたものです。

東京書籍と並んでシェア1位の日本文教

出版の教科書では、小学5年、6年と連続して、小児がんでこの世を去った子どもの物語が教科書の冒頭といえる部分に配置されています。子どもが最も目にする場所にこういった物語が配置されていることは、どのような意味をもつのでしょうか。それはやはり「命の大切さ」をストレートに伝えるためなのでしょうか。実際のページをめくりながら検討していきましょう。

2●「子どもの死」を教材化するケース

日本文教出版『生きる力』（6年生）を手に取って開くと、まず出てくるのがパラリンピック誘致で活躍した女性の物語です。がんの一種である骨肉腫で足を切断し、それでもスポーツをすることをあきらめず、障害者スポーツの普及に尽力しているという内容です。果たして障害者スポーツをどのような角度からとらえるべきなのでしょうか。「活躍できる障害者」ばかりクローズアップされるのは、公平でないように思います。東京五輪の最中にも問題提起されましたが、そういった観点は授業に盛り込まれるのでしょうか。

今回主に検討したいのは、その次に登場する物語です。「せいいっぱい生きる」と題して、「命のアサガオ」という闘病記が掲載されています。そこでは、白血病を患い、そして亡くなった6歳の子どもの名前が本名で記されていますが、ここでは匿名でBくんと記します。わずか4ページの短い「物語」では、彼が実際にどのように病と向き合ったのか十分に伝わらないため、今回はその教科書としての書き方を批判していくことになりますが、それは決してご本人やご遺族の生き方を批判しているのではないからです。では、その問題点を見ていくとします。なお、Bくんの闘病記の原作は、綾野まさる作、松本恭子画『いのちのあさがお――コウスケくんのおくりもの』（ハート出版、1997年）です。

問題1　亡くなった子どもの描き方

この教材は、実は道徳が教科化されるよりも前から、問題視されていました。それも、白血病当事者によってです。聖路加国際病院で小児がん治療を牽引した細谷亮太医師の著書にそのことが記されています。

> 四年生の夏に急性リンパ性白血病になったAちゃんという女の子がいる。（中略）学校が大好きな子で、院内学級から、もと通っていた東京の下町のS小学校に戻れるのを心待ちにしていたはずなのに、四月下旬の血液腫瘍外来に来た時に少し沈んだ顔をしている。不思議に思っていたら、

「先生、学校でわたされた教科書にこんなのがあった」と言って、道徳の副読本を見せてくれた。Aちゃんを憂鬱にさせたのは、教科書にのっている白血病の男の子の話だった。その子は骨髄移植が頼みの綱だったのにうまく合致する提供者が見つからず亡くなってしまう。生前に丹精して育てていた朝顔が実を結び種になったのを、その子のお母さんが全国の人にプレゼントしながら骨髄バンクを充実させる活動を展開したという結びになっている。

（細谷亮太『医者が泣くということ――小児がん専門医のいのちをめぐる日記』角川文庫、2011年、pp.98－99）

白血病にもさまざまなタイプがあるにもかかわらず、「白血病」とひと括りにすることで、患者に不安を与えていることを問題視した細谷医師は、出版社に連絡を取りました。がん治療の現在を注に付すことを約束し、Aちゃんの小学校には注釈を印刷して送ることになったそうです。細谷医師は、出版社の人々の誠意ある対応に感謝を記していますが、これは2005年のことです。それから20年近くが経ち、白血病治療もさらに進化していることは次に述べますが、ここでは出版社側が「命の大切さ」を説こうとして「子どもの死」をもち出すことが、一部の子どもに対していかに残酷であるかがわかります。とりわけ病気の当事者への配慮が決定的に欠けています。実際に、この教材では「Bくんの死」は教材の主題（命の大切さ）に対する「手段」（！）であり、Bくんへのリスペクトが浮かび上がってこないのです。

入院して十日目。Bくんの頭はツルッツルになりました。強い薬のため、かみの毛が抜けてしまったのです。
「えへへ、ツルッツルになっちゃった。」
壁の鏡を見ながら、Bくんはツルツルの頭をなでました。お母さんはクスッと笑ったあとで、とても悲しそうな顔になりました。（中略）
待ちに待った春が来ました。
「Bちゃん、先生がね、退院していいって。」（中略）
四月。Bくんは、ぴっかぴかの一年生になりました。頭もぴっかぴかのツルッツル。Bくんはたちまちクラスの人気者。たくさん友達ができました。
（日本文教出版『生きる力』6年、2022年、pp.8－9／名前は引用者が変更）

こんなにも「ツルッツル」「ぴっかぴか」とくり返して頭部を形容する必要はあるのでしょうか。抗がん剤によって髪の毛が一気に抜けることは、本人にとっても恐ろしいことであり、容貌も大きく変わってしまう出来事です。それを「えへへ」と言って見せるのは、Kくんのレジリエンス（柔軟さ、生きる力）なのですが、そこには十分な焦点が当たっていません。

それどころか、後半ではまるで、脱毛を笑いのネタにしているのです。「頭もぴっかぴかのツルッツル。Bくんはたちまちクラスの人気者。」と二つの文章をつなげることで、脱毛を見せ物にしているような表現です。しかし、わたしは知っています。小児がんで髪の毛の問題に苦しんでいる、たくさんの子どもたちを。子どもたちも、もう他人の容貌を「いじる」時代ではないことを知っているはずですが、現在の小学6年生に対してこの内容はありえないと思います。

Bくんはもちろん、もっと生きたかったに違いありません。しかし教科書本文では、体調が悪化し、「お母さん、ぼく……もうすぐ死ぬのかなあ。」と淡々と死を受け入れているかのような描写がなされ、Bくんの命は尽きます。この教材では、残念ながらBくんの生命を受け身のあり方で描き、読み手の「かわいそう」という感情を引き出してしまっています。

問題2　現代の医療との乖離

細谷医師らの問題提起もあってか、現在の教科書には注釈があります。

（本文）＊白血病は、血液のがんといわれています。昔は治らない病気でしたが、今では、いろいろな薬を使ったり、*こつずい移植をしたりして多くの人が治るようになりました。

（注釈） *白血病　血液の中の白血球ががん化し、異常に増えてしまう病気。
*こつずい移植　正常な血液をつくれなくなった人に、健康な人のこつずい（骨の中にある血液をつくる部分）を移すちりょう法。

（前掲書、pp. 8－9）

一見問題のない文章ですが、肝心の「がん」とは何かについて説明がなされていないし、現在の小児白血病の5年生存率は9割を超えることにふれていません。白血病は21世紀に入って劇的な発展を遂げた医療分野で、そうした発展を支えた無数の人々のひとりがBくんの母親なのです。この双方を結びつけることによって初めてBくんの母親の存在が、自立した人物像として浮かび上がります。

Bくんの母親は、骨髄バンクの普及運動をしながらアサガオの種を配ることによって、Bくんの死に何らかの意味をもたせようとしました。そうした無数の人々の行動が、今日の骨髄バンクを支えています。このようにあえて30年も前の事例を用いるのであれば、その30年間に何があったのかを論じなくては、「教科書」としては失格です。

問題3 「命を大切に」という暴力

最後に懸念する点を述べます。この教材の末尾には、囲みにこのように書かれています。

アサガオを大切に育てたお母さんの思いを考えてみよう。

限りある命をもとにせいいっぱい生きることについて、自分の考えをまとめよう。

このように「子どもの死」を教材とする場合、導かれるのは「命を大切にしよう」という結論しかありません。そこには「君たち（私たち）はBくんの生きられなかった『未来』を生きているのだから」という（押し付けの）メッセージが下敷きになっています。しかし、そのことはBくんの死を「利用」してしか導かれないものなのでしょうか。

出版社はBくんの死を、教材用に切り取って、編集している時点で、Bくんの死を悼む思いは薄れているように見えます。不可抗力である病によって「限りある命」を生きざるをえなかったBくんと、健康そのものである小学生たちの「限りある命」（おそらく平均寿命まで）は、質的に異なるものであり、単純に比べることはできません。

さらに問題なのは、道徳教科書に通底している「命を大切に」というメッセージです。生きづらさを抱えている子どもほど、「命を大切に」というメッセージでは、自分が命を大事にできていないことに直面させられます。つまり自分の生きづらさや、生きていることをやめてしまいたくなるほどのつらさを否定されているように感じてしまいます。このあたりの問題については、精神科医の松本俊彦氏の一連の著作に詳しいですが、結論ありきの接し方では、本当に生きづらさを抱えている子どもたちは、心をひらくことができません。「命を大切に」という道徳の授業自体が暴力となりかねないことを、私たちは理解する必要があります。

3 ● 多様な観点から保護者・市民による教科書の総点検を

わたしは今回の教科書が採択されるときに、採択前の展示会に足を運びました。どの自治体でも教科書採択の前には、図書館など公共施設で「全出版社・全科目・全学年」の教科書を展示し、市民からの意見を募っています。形骸化しつつある仕組みであるとはいえ、教育における裁量権が、保護者・市民から、教育委員会・文科省にほとんど移ってしまった今日では、その意義を再確認したい展示会です。

しかしながら、ごく短期間で、全出版社・全科目・全学年の教科書に目を通すことは実質的に不可能です。道徳が初めて教科化されるということで、わたしも問題点を探ろうとしましたが、あまりの分量に作業を断念しました。本来であれば、学校にすべての教科書が届き、保護者と教師が一緒になって、使いたい教科書を選ぶべきです。

今では考えられない光景ですが、戦後しばらくの時期はそうだったのです。教科書は学校単位で採択されていました。教師に大きな裁量があり、学級ごとに違う教科書を使うこともできたそうです。こうした自治的な制度を廃止するためにつくられたのが、教科書無償制と抱き合わせの教科書広域採択制でした（１９６３年）。採択の権限は教育委員会に移り、学校単位で教科書を選ぶことができなくなりました。その結果、教師が使いたい教科書をめぐって話し合うことも減っていきました。

でも、失ったものを嘆いても仕方がありません。数年に1度やってくる教科書採択。今日ではインターネットも普及しているので、全国各地の市民で手分けして、採択前の教科書を読み込んで、共有し合うこともできるかもしれません。教科書を多様な観点から点検し直し、意見を教育委員会や出版社に届けることで、子どもたちにより公正な学びを保障したいですね。

ちなみに、わたしも「命のアサガオ」を掲載している出版社に手紙を書きました。白血病の子どもをもつ母として、なぜこれを教材化してはいけないのか述べました。すると忘れた頃に返信が届きました。教科書をつくるということには長い時間がかかるが、その中で考え直していきたいという内容でした。

●参考
真部 淳『小児白血病の世界――病態の解明から治療まで』中外医学社、2021年
《初出》「子どもの死」「難病」「障害」を安易に取り上げ、情緒で押し流す道徳教科書が多すぎる――結論を押しつける授業自体が暴力となりかねないことを自覚しよう『論座』朝日新聞社、2022年4月21日

コラム5

少ないからこそ美しい

野の花のいのちは短いものです。一緒に摘んできて瓶に生けた花が、目の前ではらはらと散ったとき、まだ小さかったKくんは「花がこぼれた」と言いました。

なんて素敵な表現でしょう！　子どもは語彙が少ないからこそ、美しい表現を生み出すことがあります。

コラム6

いのちを「拾う」

ペットは「買わない」けれど、出会いがあるたびに譲り受け、お世話してきました。文鳥3羽、ハムスター1匹、野良猫の赤ちゃん5匹！

ママの「拾いグセ」に、もはや子どもたちもあきれていますが、いのちの輝きを目の前にしたらねえ！

3-3 ともに生きる地域・社会をつくる

小学校の真横のマンションで

「子育ては家族で抱え込むのではなく、地域が担うもの」――こういった言い方がされることは多いですが、実際につながり合うことは難しいことです。2020年7月にわたしの住む地域で起こった障害児殺害事件は、多くの人にそれぞれのショックを与えました。また、新聞を購読していない人は、いまだにこの事件を知らないいため、わたしは地域の中でもギャップを感じています。

この事件は、後天的に重い障害をもつことになった17歳の少年Lくんを、シングルマザーのお母さんが絞め殺してしまった事件です。殺害後、お母さんも自殺しようとしているところを発見されました。2人は、特別支援学校の卒業を控えて進路探しをしていましたが、Lくんの障害の重さを受け入れてくれる施設が見つからず、お母さんは絶望していました。また

2020年7月といえば全国一斉休校を経て、コロナ対策がより一層叫ばれている時期でした。

わたしがショックを受けたのは、Lくんが住んでいたマンションが小学校の真横に面しているということでした。事件をニュースで知り、慌てて駆けつけましたが、供えられている花などもなく、すでにこの事件がタブー視されているのを感じました。Lくんが在籍していた小学校は、まさにわたしがPTAをやっている小学校なので、学校にもかけ合いましたが、在校生ではないので対応はできないと言われました。

そこでLくんが現在在籍している特別支援学校に電話したところ、生徒も動揺しているし献花台の設置予定はない、とのことでした。わたしの心は「なぜ?」でいっぱいでした。子どもが事故や虐待で亡くなると、現場にはお菓子やジュースが供えられますよね。子どもが命を失ったという点では同じなのに、どうしてこの事件にはふれてはならないのだろうと。それは、お母さんが加害者であり、被害者でもあるという構図が大きく影響しているのでした。現に、お母さんは一生懸命Lくんを育てていたことで知られ、お母さんを責められないという声もたくさん聞かれました。

「母よ！殺すな」

でもそれだと、1960年代から70年代の数多くの障害児殺害事件と何も変わらないのです。当時、障害のある子どもを殺した母親が、裁判において減刑されることがありました。そうした風潮に対して、障害をもつ当事者たちが『母よ！殺すな』と訴えたのでした。わたしは熟読はできていませんが、この分厚い本をわが家の本棚に置くことで、子どもは親の所有物ではない、社会で育てるのだと自分に言い聞かせてきました。

では、Lくんを殺したのは誰なのでしょう。それは、この社会です。社会、と言ってしまうと、幅の広い言葉になってしまいますが、そうなのです。ただ、この事件について地域で話し合うことは、とても「ハレーション」（反発）が大きく、数年たった今も進んでいません。しかし、この地域であり、社会に責任があるのだから、まずは語り始めないことには何も進みません。50年前、脳性マヒの子どもが母親に殺された事件について、次の文章を残した人がいました。「青い芝の会」の横塚晃一さん。ご本人も脳性マヒでした。

横浜の脳性マヒ児殺しに関する意見書を作成した責任上、それを持って小山事務局長と共に横浜地検をはじめ各方面に出かけたのであるが、そこで感じたことは我々の考え方との大きなギャップであった。（中略）「あなた方の気持ちもわかるが、もっと多くの施設があればあのような事件は起こらないのではないか」「裁かれねばならないのは国家である」「できて了ったことは仕方がない。かわいそうなのはお母さんの方だ」「あれが果たして罪といえるのか」等々という反撥が返ってきた（横塚晃一『母よ！殺すな』立岩真也解説、生活書院、2007、pp. 77-78）。

横塚さんはこれらの意見を受けて、大規模施設に障害者を閉じ込める問題について述べます。それは、障害をもつ人を「全く別世界の者」と考えていることになります。また、わたしが先に書いた「社会の責任」という言い方も自分の責任を棚上げしていることに気がつきました。

「誰でも抱きうる絶望」

2021年12月13日、京都地方裁判所の結審の場にわたしもいました。判決は、お母さんに大きく寄り添ったものでした。以下の2点がポイントでした（わたしによるメモです）。

①被告は心神喪失ではなく心神耗弱

被告の殺害前後の行動は冷静で一貫していた（子どもに対する看取りの行為など）。うつ病の圧倒的な影響下にありつつも、理性は保たれていた。

②「誰でも抱きうる絶望」

被告の精神状態は、子どもの介護の重さや、特別支援学校卒業後の見通しのなさなど「現実に起因」。したがって、同じ状況になれば「誰でも抱きうる絶望」（裁判長）。

判決では、②で述べているように、責任を被告ではなく「現実に起因」させつつも、その「現実」のどこにどう責任があるのかについては一切ふれていませんでした。また、障害児の生きる権利という観点もほとんど追及されませんでした。東京から傍聴マニアの方が来ていたのですが、殺人事件で執行猶予（事実上の無罪）になることはきわめて異例とのことでした。

このようにお母さんに寄り添った判決ではありましたが、であればこそ、社会の側の問題についても提起すべきだったと思います。裁判長は「誰でも抱きうる絶望」とまで言ったのですから。「誰でも抱きうる絶望」とは、同じ条件におかれたら、誰でも同じような気持ちになるということです。今この日本で、重い障害をもつ子どもを育てていたら、同じように絶望する、と裁判所が認めているのです。こんなに貧しい国ってあるでしょうか。判決文を聞きながら、わたしも絶望しかけました。

端的にいえば、障害者のための施設や支援が足りません。なぜ足りないのかといえば、人とお金が足りないからです。なぜそのようになっているかというと、政府がその分野に率先してお金を回していないのと、人々の心のどこかにやはり差別心があるのではないでしょうか。

Lくんは小学校卒業後、地元の中学には行かず、離れたところにある特別支援学校に進学しました。わたしが聞き取りした範囲では、人々の記憶の中でLくんの存在はここで途切れていることが多かったです。特別支援学校の方が充実した支援が受けられると考えがちですが、それは多くの場合、地域からその子を切り離すことになってしまいます。もし、Lくんとお母さんの姿が地域の中で頻繁に見られ、声のかけ合える関係が少しでもあったら、と思わざるをえません。

すばらしい「ギフト」をもっている人

　さて、話を少し変えますが、最近わたしとRくんは、京都市の障害者スポーツセンターのプールに通い始めました。**コラム2**でも書きましたが、水から生まれたRくんは水遊びが大好きで、体力もつくだろうとプールを探しました。すると京都市の障害者スポーツセンターが、障害のない子も受け入れているということがわかりました。

　初めて行ってみた日。とにかくいろいろな人がいて圧倒されました。黙々と水中ウォーキングをしている人。大きな叫び声を上げながら動いている人。ヘルパーさんに体を大きく揺すってもらっている人。よだれを垂らしている人。ヘルパーさんに童謡を歌ってもらっている人。泳ごうとしない人。ずっとシャワーの感覚を楽しんでいる人。

　障害のある人との接触が、ほぼ初めてだったRは、他の人とちょっと肩が当たったくらいで驚いたようでした。障害者スポーツセンターという名前だけあって、非障害者が圧倒的に少ない世界です。心細かったのかもしれません。でも「これはいいぞ」とわたしは思いました。ちっとも「ノーマル」じゃない世界で、一つのプールを分け合うことは、まさに「ノーマライゼーション」です。

　わたしには思い出があります。わたしは鎌倉市の出身ですが、小学校在籍中に小学校の目の前に、授産施設「はまなみ」ができました。障害のある方がパンを焼いているとのことで、小学生は小銭を持って見学に行きました。焼きたてのパンの香りに豊かな艶。おいしいに決まっています。ほくほくした気持ちになりました。

ところが施設を出た帰り道、隣にいた女の子Mちゃんが「あんな気持ち悪い人たちが作ったパンなんて食べない」と言ったのです。そんなことないよ！と心の中では思ったものの、Mちゃんはクラスのボス的な存在で、わたしは反論しませんでした。あのときに反論しなかった卑怯な自分が、今でも克明に思い出されます。わたしは車道側、Mちゃんは歩道側を2列で歩いていました。あの自分が、今につながる原点となったのでした。ちなみに持って帰って食べたパンはとてもおいしかったものの、授産施設という建物の構造上、パン販売が奥にあり、再び買いに行くことはありませんでした。

小学生という子どもの価値観が出来上がっていく時期に、どんな人と出会い、どんな体験をするかはとても大切です。プールで肩が当たっただけでブーブー言っていたRくんも2回目の利用時には言わなくなりました。そしてわたしはすばらしい「ギフト」をもっている人に出会ったのです。

その男性は、まわりの人に手を振りながら、ゆっくり水中ウォーキングをしていました。とても上品に絶え間なく手を振っているので、わたしも手を振り返しました。すると、数十分後、わたしを見つけたその人が、わたしの肩を「ツンツン」とふれました。びっくりです。というのも、障害者プールでは、水泳帽をかぶる決まりになっており、ゴーグルもしているし、利用者は見た目には個性が出ません。ところが、その人はわたしを見つけたのです。

きっと、わたしたちとは違った情報処理の仕方をしているのでしょう。世の中の見え方には違いがあり、すごい解像度をもって見ている人もいるのです。なので、この出来事についてはRくんに伝えました。すごいギフトをもっている人がいるよ、と。

まだわたしたちの社会では、障害のある人とない人が物理的にも隔てられており、お互いを知る機会に乏しいです。特に、学校教育の段階で分けられてしまうことは非常に残念です。国連もこのことを指摘していますが、いつになったら解決するでしょうか。分けているほうが合理的、という考え方の裏に、差別が潜んでいることにそろそろ気がつかなければなりません。パンの香りとともに。

4

市民として育ち合う

父が残した心の中の「ひっかかり」

「厄介な人」

「市民」という言葉って、日本ではうまく浸透していないなあと思うときがあります。英語には“People”という言葉があります。日本国憲法の草案にもあった言葉ですが、「人々」や「人民」という意味合いで、そこで生きる人を広く指します。ところがそれを「国民」と訳すと国籍の限定が付きますし、「市民」も特定の自治体の人を指すことが多いです。もっと広い意味で「市民」という言葉が普及したらいいなあと思います。

自分たちのコミュニティのために活動する人、という意味での「市民」の原型は、わたしにとっては、6歳から18歳までを過ごした鎌倉にあります。もの心がついてから、大学に入りひとり暮らしをするまでの12年間を鎌倉で過ごしました。鎌倉は小さな街なので、母がバスで出勤するとき市長さんも同じバスだったなんてこともありました。

わたしにとって「市民」の原型は、やはり父です。他のところにも書いたことがあるので、重複しているかもしれませんが、わたしにとって父は「厄介な人」でした。「古

1歳のとき香港旅行にて。「どこへ行っても滑り台が大好き」との父のメモ。香港ももう声の上げられない場所になってしまいました

紙回収」の日はいい本が出ていないか探したり、公園の「ゴルフ禁止」看板の前でゴルフをしている人がいたら文句を言いに行ったり、ユーミンのコンサートが対岸の逗子マリーナで開かれるときは市職員を呼んで騒音の度合いを計らせたりしました。子どもながらに「も〜お父さんやめてよ〜!」と思うことばかりでした。

でも父の姿は、わたしに重要なことを伝えていたのでした。それは「意見があったら言っていい」ということです。おかげさまで(?)、「お父さんほどじゃないんだし」という心の柱のおかげで、自分の意見を表現したり伝えたりすることには、ほとんど抵抗がないまま成長することができました。

おとなになってから一度、(鎌倉とは別の)父の家を訪れたとき、脱衣所に山ほどの『THE BIG ISSIUE』がありました。ビッグ・イシューとは、ホームレスの方々が路上で販売する雑誌で、多様なテーマが取り上げられています。わたしも1度か2度、買ったことがあるのですが、街中で「あっ、売ってる!」と思ったときに、すぐにそちらに歩いて行けるかというと、やはり迷いがあるのです。ところが父の家にはこんなにある!! きっとお父さんは出会ったら100%買っているんだ!と思いました。

おとなになってからだと、こんなふうに見ることができる父の姿ですが、子どもの頃はやはり困惑の連続でした。場所は覚えていないのですが、海で暮らすホームレスの人と浜辺ですき焼きをしたこともあります(前後の脈絡はまったく不明です!)。「おいしそう」とわたしが言うと、ホームレスさんが「違う! これはうまいんだ!」と言い、小学生のわたしはますます混乱しました。

ひっかかりから瞬発力へ

夏休みに大阪のあいりん地区に連れて行かれたこともあります。ちょうどその日、わたしと妹はおそろいのラベンダー色のブラウスを着ており、「なんていうものを着て来てしまったんだ」と思いました。全体的に街独特の色の中で、ラベンダー色がとてつもなく浮いていました。こういう子どもの頃の「心の中のひっかかり」がおとなになってからの瞬発力になっている気がします。今ではホームレスさんを見かけたらすぐに必要なものはないか、話しかけています。父は今でも、京都のわたしたちに会いに来たとき、わざわざあいりん地区の定宿に帰っています。

1人でも行動する、というのが本書の大きなテーマですが、「お父さんほどじゃないんだし」というのは、力になっています。今では1人でチラシ配りや、街頭宣伝もできますし、多少変わったことをしている自覚はあっても「そこまでひどくないぞ」と思えます。

ちなみに、これを書きながら子どもたちに「ほら、ママってちょっと変わってるところあるじゃない?」と聞いてみたのですが、まったくピンと来ていないようで慌てました(汗)子どもにとっては「困った親」ではないのでしょうか? ちょっとは困ってほしいかな…。

4-1

「選挙に行こう」では足りない！

1・投票率は昔からの問題

突然ですが、次の文章を見てください。

有権者に対する実際の投票者の比率は今では約二分の一である。（中略）投票の有効性に関する懐疑論は公然と表明されており、それは知識人の理論の中にだけではなく、下層大衆のことばの中にも現われてくる。「私が投票するかしないかということで、どういう違いが現われるのか。いずれにせよ、事態はまったく同じに動いているのだ」

これはいつ、どこで書かれた文章か当ててみてください。国政選挙の投票率がほぼ50％前後というと、今の日本について書かれたようにも思えますが、実はこれは1927年にアメリカの哲学者ジョン・デューイが書いた文章です（『公衆とその諸問題——現代政治の基礎』阿部 齊訳、ちくま学芸文庫）。約100年前のアメリカでも、今の日本と同じような問題を抱えていたんですね。もちろん、当時のアメリカでは黒人には選挙権が認められていないなど、単純に比較はできませんが、すでに「投票の有効性」が揺らいでいるのは共通しています。

投票率が低ければ、多数に関わる物事を少ない人数で決めることになり、それでいいのかどうかを問われることになります。一方で、投票率の下限が設けられない限り、どんなに低投票率の選挙も選挙としては有効です。かといって、何らかの義務化によってなされる投票は、別の角度から正当性を疑われることになると思います。たとえばオーストラリアなど棄権に罰金を課す国もありますが、そのような投票は「有権者」の「権利としての投票」とは違ったものになるように思います。こうしたジレンマが、選挙を中心とした間接民主主義につきまとってきました。

2●「選挙に行こう」で有権者教育になる？

現在の日本では、有権者に対して「選挙に行こう」と呼びかけるというアプローチが取られています。選挙管理委員会のＰＲだけでなく、18歳選挙権を受けて高校で導入された有権者教育でも、実際の選挙の話をするまでには分厚い壁があります。学校の先生は政治活動をしてはいけないことになっているので、政党に関する会話にも気を使いますよね。そこで結局は、何のために行くのかは棚上げし、一見中立に「行こう」とだけ呼びかけることになってしまいます。しかし、人は「行こう」と言われて行くものでしょうか。もっと心の内側からの動機がなければ、わざわざ投票所に足を運ぶのは難しいと思います。

わたしにとって忘れられないエピソードがあります。京都大学大学院の研究室で何気ない会話をしていたときのことです。ふと後輩が「ハタチになって突然（選挙に）行けって言われても、どうしていいか、わかんないっすよ」と言ったのです（当時は20歳選挙権）。これを聞いたとき、「そういうことなのか！」という衝撃を受けました。20歳までまったく政治にふれることがなければ、20歳になって獲得した選挙権も、単に押し付けられたもののように感じるということです。このあたりの事情は、各家庭によって大きく異なるだろうし、むしろ家庭ごとの「カルチャー」といってもいいのかもしれません。

思えば、わたしにとっては家庭・地域での出来事が有権者教育でした。選挙の日は、いつもは閉まっている長谷公会堂が開かれて投票所になり、町中のおとなが集まりました。蛇足ですが、長谷公会堂は川端康成邸の隣にあり、鎌倉の中でも緑深い美しい地域です。

当時は、まだ子どもを連れては投票所に入場できなかったので、わたしは外で待っていましたが、この町にはこんなにたくさんのおとながいたのかと驚いたものです。こうした子どもの頃の体験が、ストレートに20歳での選挙権獲得につながっていきました。思えば、家に子どもを置いてくるのではなく、投票所に連れていくという母の考えがすでに「教育的」だったのですね。

今わたしは「行こう」と言われるまでもなく、自分ごととして選挙には行きます。このことを今度はわたしの子どもたちにも引き継ぎたいと思っています。前に住んでいたマンションは、ちょうど投票所の目の前にあったので、選挙の日はお母さんたちと駐車場でバザーをやり、店番を交代しながら投票に行ったりしました。その日の売り上げは、東京電力福島第一原発から避難し保養する子どもたちのための施設に寄付しました。自分たちの暮らしと政治が結びついていると感じることができた取り組みでした。こんなママたちのあいだで遊んでいた子どもたちが、次の有権者になるのです。

また、子どもから学んだこともあります。子どものクラスメイトのお父さんが「ゼロ票確認」のマニアだと聞きました。調べてみれば、投票所が開いて最初に投票する人は、投票箱が空であることを確認するそうです。そのためには、かなり早くから並ぶことになります。

もちろん、わが家もトライしました（入り口で若干の小競り合いがありました！）。無事最初の投票者となり、銀色の投票箱が目の前で開けられました。投票開始に不正がないことの証人を有権者自ら行うようになっているというのは貴重な体験でした。何よりも子ども同士が学校で選挙の話をしているというのがうれしかったです。

もちろん、有権者教育を家庭だけに任せてしまうのは、それは不十分です。それでは家庭によるバラツキが出てしまいます。したがって家庭でも、学校でも、社会でも、あらゆる方向から、自分たちの暮らしは政治そのものであることを学ぶ必要があります。100円のお豆腐を買えば、8円の消費税がついてくるのですから。

3 ● 選挙権獲得までの物語が聞きたい！

「サフラジェット」（女性参政権運動）という言葉をどれほどの人が知っているでしょうか。わたしはこの言葉を、名古屋のアンティークジュエリー店のオーナーから知りました。なぜジュエリーなのかというと、まだ女性に参政権がなかったころ、イギリスやアメリカで女性たちは「緑・白・紫」の色のジュエリーを身につけることで、参政権獲得への意思表示をしていたのだそうです。なぜこの3色かというと、これらの色がGreen＝Give、White＝Women、Violet＝Vote、つまり「女性に参政権を！」の頭文字を意味していたのです。

サフラジェット――こう書くととてもエレガントですが、彼女たちの一部は非合法活動にも乗り出しました。彼女らの訴えが男性中心社会にまったく聞き入れられないことを悟ると、投石や放火、郵便ポストの爆破などの活動までしました。そして捕まっては獄中生活を送り

コミック版世界の伝記45
『エメリン・パンクハースト』
漫画：瑞樹奈穂
シナリオ：村上リコ
監修：佐藤繭香　ポプラ社

2020年には、サフラジェットの戦闘的活動家パンクハーストの生涯が漫画で描かれた

映画**「サフラジェット」**
原題：*Suffragette*
邦題：未来を花束にして
2015年制作、イギリス
監督：サラ・ガヴロン
脚本：アビ・モーガン
出演：キャリー・マリガン
　　　ヘレナ・ボナム＝カーター
　　　ベン・ウィショー
　　　メリル・ストリープ他
配給：ロングライド
日本公開2017年

DVD：未来を花束にして
　　　言語：英語　字幕：日本語
　　　販売元：KADOKAWA

ました。彼女らの合言葉は"Deeds not Words"、つまり「言葉よりも行動を」だったのです。文字通り体当たりで、選挙権獲得までの道のりを切り拓いていきました。

　2015年にはその名も「サフラジェット／原題 *Suffragette*」というイギリス映画が公開されています（なぜか日本語タイトルは「未来を花束にして」になっていますが…）。サフラジェットジュエリーを身につけるような階級の女性だけでなく、工場労働でボロボロになっている女性も一緒に立ち上がっていく姿が感動的です。

　日本でももちろん、女性参政権運

動はありましたが、そのストーリーはあまり身近ではありません。そこには太平洋戦争による影響も強く残っています。著名な女性活動家たちがこぞって戦争協力したのです。いかに反対するのが難しい戦争だったとはいえ、なんともいえない気持ちになりますね（戦争と女性の社会進出は、欧米でもセットでしたが！）。

わたしの受けてきた学校教育をふり返っても、選挙権獲得までのストーリーを学ぶ機会がなく、むしろ今では英米の参政権運動にシンパシーを感じているくらいです。今後はいろんな分野の研究者が協力して、未来の有権者のための教材を作っていく必要があると思いますね。

4 ● 自己効力感を育むことこそ

投票とはよく考えてみれば、自分の信念を誰かに託すという、知的であるだけでなく精神的な行為です。ここでは、まず自分の思想信条を明確にするという作業と、それを誰に合致させるかという2つの作業があります。このどちらが欠けても投票という行為は成り立ちませんが、前者も後者もあまりにもハードルが高いというのが今日の状況なのかもしれません。

先ほど「私が投票するかしないかということで、どういう違いが現われるのか。いずれにせよ、事態はまったく同じに動いているのだ」という言葉を引用しましたが、これは選挙を冷ややかに見ているだけではありません。むしろ露骨なほどの事実です。というのも、わたしたちは何万票、何十万票という数のうちのわずか「1」なのです。そこで、このことを念頭に考えてみたいです。「わたしが行っても変わらない」と思いますか？　それとも「せめてわたしが行かなければ変わらない」と思いますか？　同じたかが「1」であっても、受けとめ方には違いがあります。

心理学の世界では、「自己効力感」の重要性が語られています。これは、ある状況において自分が適切に行動できるだろうという自分に対する認識を指します。ということは「自己効力感」は、もちろん選挙にも大きく関わってきます。たとえば学校での教育が、あらかじめ用意された答えに最速でたどり着くことを重視していたら、どんな生活態度が身につくでしょうか。おそらく選挙という結果が未知なるものには、チャレンジしにくくなるのではないでしょうか。答えがわからないことに対して、だからこそ議論し、ベストを尽くすというように教育の文化（子どもに対するおとなの姿勢）を変えていくことが必要ですね。

《初出》「選挙に行こう！」では投票率は上がらない　政治を変えるストーリーこそ必要——主権者教育は、教育全体の問題である『論座』朝日新聞社、2021年10月3日

4-2 未来の有権者を育てよう

1 ● 子どもと政治

日本の投票率の低下に歯止めがかかりません。2023年の統一地方選挙（前半）では、道府県選挙の平均投票率は、今回では41道府県中、30道県でなんと戦後最低を記録し、50％に届かない府県は全体の8割を超えたそうです（朝日新聞デジタル2023年4月10日）。投票率の低さは、若い層において特にきわだっていて、投票に行くということが、まだ習慣化していないことがわかります。日本の学校では先生たちの政治活動に厳しい制限があり、学校という子どもが長い時間を過ごす場で、政治の話ができない、しづらいというのも大きな原因の一つだと思います。

そのような中で、実践的な模擬投票を行っていると報道されているのは、一部の有名私立学校が中心です。一般的な公立学校では現役の議員を呼んだり、模擬投票を行うことは、きわめて難しいことが想像できます。こうした状況である以上、学校だけに有権者教育を期待するのは無理があります。

では、わたしたちには何ができるか考えてみたいと思います。なお、ここでいう「有権者教育」とは、選挙の仕組みの学習に加えて、投票という思考の仕方についての学習を指します。社会をよくする方法は、もちろん選挙だけではないので、より広い手段によって社会の問題解決に取り組むことを「主権者教育」と呼びたいと思います。

まず強調したいのは、子どもたちはインターネット（TikTokやInstagram）を通して、すでに「政治的」な世界にふれているということです。ふれているというか、浸っているのです。子どもたちは、政治的に「白紙」の状態にあるのではありません。日々、TikTokやInstagramには娯楽ネタに紛れるようにして新しい政党の動画が流れており、子どもにとって政治は遠い世界ではありません。

ここでは、あくまでも笑いのネタとしての接触なので、子どもたちが政治についてどのように考えを深めているかまではわかりません。学校でNHKの視聴覚教材を使うときは、たいていのクラスに「NHKをぶっこわーす！」と叫ぶお調子者がいたことは、すでに懐かしいネタでしょうか。ここ数年は「統一教会」に関する動画も増え、Kくんやその友人の関心を誘っていました。そこからの派生で、エホバの証人の街頭宣伝があれば、Kくんたちで「どこどこでやっている」と連絡を取り合って押しかけて、論破を試みるという活動（？）さえくり返していました。何を話していたのかは知りませんが、もらってきた教典冊子をどうすべきか悩んだものでした。

これらの例は、あくまでもわが家の「サンプル数1」としての世界ですが、子どもたちにとって政治はタブーではないことが、ありありとわかります。ネタ的政治の登場と、それにふれることによって「政治と宗教はタブー」というおとなの世界の固定概念が、子どもたちには引き継がれていないようです。この先の課題は子どもたちにとっての一時的な消費としてのネタ的政治から、自分たちのテーマとして取り組んでいく政治にどのように移っていくかです。

2・ネタ的政治を超えて

Kくんは、このようにネタ的政治を楽しむ一方で、現実のトピックに対しては、驚くほど悲観的な態度を示すことがあります。ある朝、同級生から「緊急事態条項」の危険性を知らせる動画が、KくんにLINEで届いていました。画面をパッと見せてもらったところ、東京都立大学の木村草太教授が出演している動画でした。わたしは「あと3年で選挙に行けるね！」と声をかけましたが、彼は「その3年のあいだにとっくに戦争起こるだろ」と言い放ちました。

「緊急事態条項ヤバい」という動画が同級生から送られてきて、
「これはマジであかんと思う」と返す息子K

反抗期ならではの反応なのでしょうか。それとも鋭い嗅覚によるものでしょうか。

危機感は十分共有されています。それなのに具体的な行動や希望に結びつかないもどかしさを感じました。思い返せば、この子が3歳のときに東京電力福島第一原子力発電所で事故が起こり、それ以来たくさんのデモに参加してきました。坂本龍一さんが登壇した「さよなら原発」の大集会にも参加しました。わたしも自ら申請して、小さなデモを主催しました。もちろん、デモは意思表示手段の一つですが、これだけやっても、この国の原発推進という根本部分は変わっていません。「結局変わらない」という無力感を子どもに与えてしまったのなら本末転倒です。しかし、行動する以外

わが家主催で 2012 年冬から実施。三条大橋の河川敷に集合。そこから河原町通を下り、30 分かけて四条でゴールでした

に、政治が変わることもありません。

２０２３年の統一地方選挙は、これらの課題を身近に考える最良のチャンスでした。国政と違い、地方選挙は選挙区が狭いため、ほんの数票の差で当落がひっくり返ることがあります。そのことを実際に体験することで、自らの1票の価値を実感してほしいと思いました。

そこでわたしは、本来どのような有権者教育ができるのか、わが子たちと実験してみることにしました。

3●あちこちにある対話のツールを活用

まず、新聞購読を再開しました。Rくんが長期入院しているあいだに、読む時間が取れず解約してしまったままだったのです。毎日たまる新聞がないと、それだけで家が物理的にスッキリすることにも気がついてしまい、再開していませんでした。しかし新聞というある種、政治的なツールが食卓にあるだけで、家庭での会話が変わります。「見てみて、こんなの載ってる」と伝えるだけでいいんです。それが社会で共有されているトピックであることが子どもたちに伝わります。

新聞というツールについて考えるのも大切です。選挙中は、候補者の写真は背中側から撮られ、名前のタスキにもモザイクがかけられます。これは新聞が特定の候補者を支援することにならないようにするためです。でも、候補者に少し詳しければ、誰かわかるようになります。そんな豆知識を子どもに披露するのもおもしろいです。また最近、小学校ではＮＩＥ（Newspaper In Education＝教育に新聞を）がさかんに取り組まれていて、子どもたちも記事のスクラップや要旨をまとめていますが、それとは異なる視点、つまり「何が報道されないか」を考えるのも必要だと思います。

さらに、選挙といえば、あの選挙ポスター掲示板です！　選挙直前に「雨後の筍」のように街に大量発生し、独特な雰囲気を発していますよね。あの前をいつものようにサッと通り過ぎるのではなく、子どもとじっくり見てみました。

ポスター実験としては2段階にしました。まず、候補者を顔の印象だけで選びました。光の当て方が綺麗な方が親しみやすいですが、明るくしすぎても不自然です。その中から「この人」を選びます。第2段階は、書いてある政策で候補者を選びました。まず政策を書いていない人が多いことに気づきます！　ただし、ビッシリ書き込まれていても、掲示位置によっては読むことができません。見る人の視力に配慮されておらず、ユニバーサルデザインとは言いがたいですね（Rくんの体力が回復しておらず、車椅子に乗っていたから気づきました）。将来的には、時間によって掲示位置がランダムに変わるデジタル掲示板も用意するのが良さそうです。もちろんですが、第1段階と第2段階では、選択に違いが出てきます。では、子どもたちの考察結果をご紹介します。

【掲示板ポスターを見て】

Uちゃん（当時12歳）　公明党候補者を選んだ理由　「防災って書いてあるから」
共産党候補者を選んだ理由　「民間保育園って書いてあるから」

いずれも彼女の生活に裏打ちされた選択です。防災学習は、彼女が通った小学校の重点教育で、修学旅行でも阪神淡路大震災について学んでいました。また彼女は、京都市の多くを占める民間保育園の一つを卒園しています。12歳にして、ここまで生活に密着した答えを出すとは思いませんでした。というよりも、子どもは生活から生まれる答えしかもち合わせていないのでしょう！

ところがここでRくん（当時9歳）が「『〇〇党』ってダメなんじゃない？」と言い始めました。9歳にして組織不信でしょうか。そして、完全無所属の候補者を指差したのです。まさにこの候補者は、無所属であることを信条にしており、それが子どもに伝わったことに驚きました。Rくんに理由を聞くと「政党は必ず過去に汚職事件があるから」とのこと。そして彼は「グミン党」を作ると笑顔で話しました（グミの愛好家からなる政党だそうですが、「愚民」もかけているのでしょうか）。ダークなセンスを感じますが、政党は自分で旗揚げできるという発想をすでに持ち合わせているとも言えます。

次にいよいよ、選挙公報とチラシを見て、最終的に誰に投票するかを決めました。わが家には3人もの子どもがいますが、母子家庭のため1票しかありません。そのため、票を分散させることができず、悩みに悩みました。子どもたちに意見を聞きたいと思いました。

【選挙公報を読んで】

①　Rくん　「小学校給食費の値下げ」（国民民主党候補者）はダメと。むしろ無料にしなければならないと、義務教育の原則をふまえたコメント。

②　Uちゃん　防災について徹底的に小学校で学んできたので、「耐震リフォーム助成復活」（共産党候補者）に注目。目のつけどころに感心。

③　Kくん　「子育て支援」「憲法9条」という言葉には激しく反発。先述の無力感によるものか。一方で、選挙制度そのものをテーマにした単独候補を推す。

これらの実験を通して、子どもにはその子自身の着眼点があり、その子の生活世界における経験から、候補者を選ぶことができることがわかりました。もちろんこれは、年齢や能力に応じた思考であり、より包括的な視点に立つまでにはまだトレーニングが必要でしょう。しかし一方で、候補者が包括的な視点で選挙公報を書いているとは限らないので、まずは自分なりの着眼点を持つことが第一歩です。

4 ● 子どもと一緒に投票所へ

総務省によれば、「子どもの頃に親の投票についていったことのある人」は「ない人」よりも投票参加が20ポイント以上高くなるそうです。こうした教育的効果を重視し、2016年には公職選挙法が一部改正されました。投票所に入ることができる子どもの範囲が、「選挙人の同伴する幼児」から「選挙人の同伴する18歳未満の方」に拡大されました。こんな制約があったとは知りませんでした。

わたしが子どもの頃、投票所の外で母を待っていたのは、この制約によるものだったのです。しかし、母を外で待っていられるくらいの年齢であれば、家で留守番もできるはずであり、母は意図的にわたしを投票所に連れていったことがわかります。

2023年の統一地方選挙でUちゃんと2人で投票所に行ったところ、彼女は黄色いタスキを手渡されました。未成年に投票用紙を渡してしまうことを防ぐためだそうです。明らかな「同伴幼児」ではなくなったため、初めてのタスキ着用でした。Uちゃんが選挙管理委員会になったようでちょっと変なタスキでした。京都市選挙管理委員会に問い合わせたところ、「『私は投票できません』という言葉も失礼なので…この文言になりました」とのことでした（20

アメリカでは、第２次世界大戦後には「投票済み」シールをさかんに服に貼るようになったそうです。
オリジナルのシールを作る人もおり、アメリカの選挙を盛り上げています

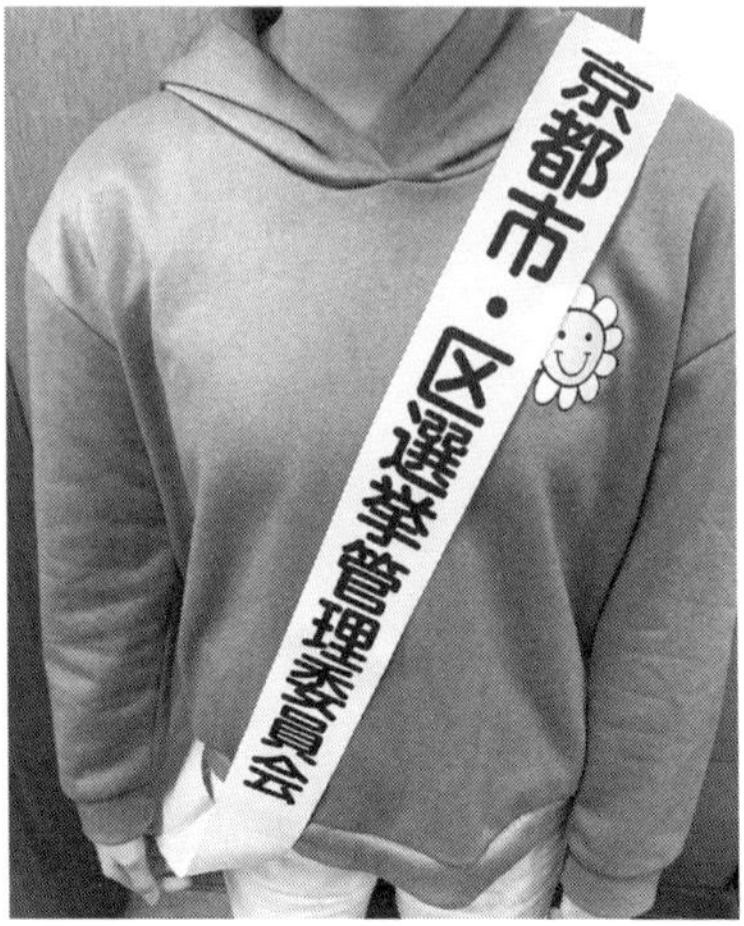

京都市左京区の投票所にて、2023年4月9日

２３年４月９日）。英語であれば「Future Voter」（未来の投票者）など気の利いたフレーズが思い浮かびますが、どうでしょうか。

投票済証明書（頼めばもらえる）をＳＮＳにアップするという流行をふまえて、各選挙管理委員会で証明書の再デザインも進んでいます。ＳＮＳではついアップしたくなるデザインが散見されました（神戸市など）。アメリカでは「I Voted」（投票しました）のシールを服に貼ることが定番中の定番ですが、日本でももっと投票者の達成感や一体感を高める工夫ができるはずです。来てくれた子どもに「Future Voter」のようなシールを貼ってあげるのもいいかもしれないですね。

5 ● 選挙結果を受けて

この選挙では、関西を中心に日本維新の会の新人が躍進し、京都では地域密着型のベテラン候補者が落選するなど大きな衝撃を与えました。維新の会は、何を目指し、そのためにどのような方法を取ろうとしているのか、引き続き注視しなければならないと思います。

子どもと一緒に選挙について考えると、自分の固定観念に気づかされます。「この候補しかいない（前も入れたから）」と思い込んでいたり、自分の中で言葉になっていなかった基準があったことを再発見します。

つまり、子どもに対する「有権者教育」は、実は自分自身への「有権者教育」だったのでした。ほかにもどんなやり方があるか、みなさんお寄せください。

《初出》有権者教育のあり方を、統一地方選前半戦での我が家をサンプルに考えてみた――まずは自分なりの着眼点を持つため背中を押そう『論座』朝日新聞社、2023年4月13日

4-3

「見守る」ってなんだろう
コミュニティをつくるには

自ら路上に出て出会いをつくる

わたしが「じゅうえんや」を始めたのは、子どもたちにお菓子を楽しんでほしいというだけではない理由がありました。3章では、地域の真ん中ともいえる部分に暮らしながらも、お母さんに命を奪われることとなったLくんについてふれました。この事件はわたしにとって大きな衝撃で、自分が知っている範囲の子どもを見守るだけでは足りないのだと突きつけられました。むしろ、追い詰められた人々は「地域のイベント」などのにぎやかな場には出にくくなります。そういう人たちとあらかじめつながるには、自分自身がテリトリーを出て路上に出て、出会いをつくっていくしかない、と考えたのです。

じゅうえんやでは、1回のお買い物につきスタンプが一つ押されます。これは、じゅうえんやの名刺のようなカードの裏にですが、表にはわたしの連絡先が書いてあります。子どもたち

（イメージ）

がこれを家に持ち帰ることで、わたしが入りえないところまで間接的にリーチできればと思いつきました。

子どもによっては、お財布にこのカードを入れたままにしていて、スタンプがどんどんたまっている子もいます。持ち歩いてくれているというのがうれしいですよね。子育ての悩みや学校の相談が寄せられるということはまだないので、わたしの活動がちょっと少ないかなと思いつつ、教育学を学んできた者として少しでも何かできればという思いでいます。

行政も相談窓口を用意していますが、果たして利用したいと思えるかは、また別です。わたしも以前に悩みがあり、京都市のシングルマザー用相談窓口に電話をかけたことがあるのですが、「それならがんばりなさい！」「長男の受験成功が一家のカギよ」などと話し続ける窓口の人に、わたしがあいづちを打ち続けるという立場逆転の時間でした。正直にいうと「早く電話切りたいな…」と閉口し、わたしの悩みどころではありませんでした。この施設には後日、相談員の質の問題としてクレームを入れましたが。

このように、子育ての悩みを気軽に言い合えるようなコミュニティはなかなかありません。地域の児童館では午前中は乳児さんの交流をやっていますが、SNSを見る限り、「児童館デビュー」という言葉があるように、肩の力を抜ける場所にはなかなかなっていないようです。

わたしが実感している範囲では、地域の夏祭りやPTAに参加すると、結果的に知り合いが増えるということがあります。コロナ禍の後押し（？）もあり、祭りもPTAも省エネ化していこうという昨今ですが、やはりイベントはその過程で人間関係が深まる分、いろんな悩みを話しやすくなります。たしかに無駄に思える作業はあります。プリントを印刷して、枚数をそろえたりする手作業の時間は、もっと高性能な印刷機があれば、なくてもいい時間です。でも、その時間におしゃべりをすることで、いろんな情報交換ができるのです。

だったら情報交換だけすればいい、と指摘されそうですが、いわゆる「お話会」のようなものは逆に敷居が上がってしまい、ナチュラルな会話ができないことがあります。「会」として開催される以上、「主催者」がいます。先生だったり、相談員だったりするわけですが、どうしてもその人に向けた話をしようとしてしまうので、「ジャッジ」されること前提で、妙にとりつくろった話をしてしまうことがありました（わたしは！）。

手作業の中でこそ、おしゃべりが深まる

時代錯誤に聞こえるかもしれませんが、手作業の中でこそおしゃべりが深まることが多々あります。もちろんわたしは作業をどんどん合理化していきたい立場ではありますが、おしゃべりの効用はとても大きいと思っています。

Aさん「うちの子って～～なんですよね…困ってて」

Bさん「え！　うちもですよ！」

Aさん「わ～、うちだけじゃないんですか！（ほっ）」

こうしたおしゃべりの中で、子どもが不登校だったり、発達に偏りがあったり、といった普段表に出さないことがわかり、次のステップとまでは行かなくても、ほっとすることがよくあります。ここでは、おしゃべりの結論は不要です。

さらに最近消えつつあることによって、その大切さがわかったのが、運動会の待ち時間のおしゃべりです。コロナ前は、特に小学校の運動会、長時間でしたよね。朝に開会式があって、子どもの出番はたまにある程度。でも高学年の出し物は見たいし、という形で1日中運動場にいたものでした。結果的にほとんどが待ち時間で、まわりの保護者とおしゃべりしながら時間をつぶしていました。今思えばあの時間が貴重だったのです。

そして「じゃあ、LINE交換しましょうか」と、スマホをかざし合って連絡先を入手し、文字通りのライフラインを伝えました。

わが子もよその子も一緒に育てるコミュニティがあった

それがコロナによって大打撃を受けました。わが子の小学校では運動会は、各学年の発表時間に保護者が行く、入れ替え制に変わりました。効率的ですが、行って帰るだけ。今では「子どもが仲よくしているお友だちのお母さん」は、誰なのかわからないものとなりました。

先ほど書いたように通信アプリＬＩＮＥは、今の子育て世代にとって欠かせないものです。1対1のトーク、あるいは複数人からなるグループは、本当に便利です。ＰＴＡも地域の夏祭りも、ＬＩＮＥなしには成り立ちません。いろいろな機能があり、行事写真をアルバムに納めたり、会議日程を投票で決めたりすることもできます。会議自体をオンラインですることもできます。しかし、このデジタルなＬＩＮＥも、最初は人間同士の「はじめまして」からなのです。

わたしが研究しているデューイは「コモン（common）、コミュニティ（community）、コミュニケーション（communication）という言葉には文字以上の関係がある」と言います[1]。人は、何かの作業を共にすることで、コミュニケーションが発生し、それがコミュニティに発展するということです。今は、一つの保育所を利用する保護者の仕事はバラバラです。むしろお互いの職業が何なのか知らないまま何年も経つことは珍しくはないでしょう。

しかし、昔は一つのエリアを見れば、職業はほとんど同じでした。農村であれば、農作業。

江戸時代の村では赤ちゃんたちをカゴに入れて、田んぼの土手に並べておいたそうです。お母さんたちも母乳が出るとは限らないので、村の中で母乳をやりくりしていたそうです。[2]

この話を知ったとき、「よその子に授乳するなんてそんなことができるのか！」と思うのと同時に、合理的だなあとも思いました。わが子とよその子を区別する必要がなかったのです。お互いに「ひとつ」である、労働＝育児コミュニティがあったのですね。

もちろん、「ひとつ」である苦しさもあったはずです。長男を中心とする家制度が、一族をまとめ上げ、職業選択の自由もありませんでした。わたしたちがこの時代にもどることはありませんが、それでも「よその子どもも育てることで、自分の子どもも育ててもらえる」という互恵関係は、現代のわたしたちにインスピレーションを与えてくれます。

口は出さないけれど、子どもの立場で解決を図る「見守り」

中学生のUちゃんは部活が終わると、野球部やバスケ部といった他の部活の子どもたちとゾロゾロ一緒に帰ってきます。多いときは10人以上！　そしてわが家の前のたまり場に、腰を下ろしておしゃべりしたり、かけっこやボール遊びをします。一緒にいるだけで楽しい！という子どもたちの姿に、少々感動してしまいます。わたしは、そのとき家にあるお菓子や飲み物をベランダから渡したりして、友好関係を築こうとしています。

子どもたちは、決して帰り道が同じなのではありません。それでもゾロゾロ歩いているうちに、わが家の前に流れ着いています。それは単なる偶然ではなく、「ここでならたまれる、遊べる」という勘に基づいているのだと思います。子どもたちが盛り上がりすぎたら、わたしが声量を注意しますし、他のマンション住民からこの場を託されているように思います。

これもコミュニティの一つでしょう。中学生が単にダラダラできる場所というのは、つくってできるものでもありません。自然にできてこうなったのと同時に、そこにはわが家の前という「わたし」がいる場所ということでもあると感じています。「見守る」って何をどうすることなんだろうと悩んできましたが、子どもたちが多少のことをしても口は出さないけれど、子どもたちでは解決できないトラブルが起きたら、子どもたちの立場から解決を図ることだと思うようになりました。

夕方になると「Uママ〜！　お菓子ある？」という声が聞こえてきます。

●注

1　ジョン・デューイ『民主主義と教育（上）』松野安男訳、岩波文庫、1975年、p.16

2　沢山美果子『江戸の乳と子ども――いのちをつなぐ』吉川弘文館、2017年

5

学びは
世界に

母の怒りを胸に刻んで

人種差別へのアンテナ

「そういう問題じゃないの!! いい? わかった!?」

厳しく母に叱られて、わたしはただ江ノ電の線路を見つめるほかありませんでした。

ある日、江ノ電の駅から家に帰る途中、わたしはなぜか、こう質問したのです。

「どうして色の黒い人たちを、白い人たちが助けてあげなきゃいけないの? お金くれるわけじゃないのに」

この質問に対して母は烈火のごとく怒りました。わたしは母の顔を見ることもできず、ただただ江ノ電の線路を見つめていました。何歳のわたしだったのかも、前後の文脈もまったく覚えていません。小学校中学年頃だったかもしれません。

黒人差別の問題とはこんなにも重い問題なのだという意識は、そのあとも残り続けました。2000年の夏休みに、母はわたしたち姉妹をアメリカに連れて行ってくれました。ちょうど同時多発テロの前年でした。ニューヨークの主だった観光地をまわったあ

アメリカのスイカは楕円形をしています。しかも、ものすごく大きい！

とに、母はバスでわたしたちをハーレムに連れて行きました。ところが、バスからは降りませんでした。バスの中からしか見ることをしませんでした。その理由は、聞かなくてもわかりました。しかし、父にあいりん地区に連れて行かれたときのような居心地の悪さ——安全圏から見るだけの自分が残りました。

2023年自分の足でハーレムに降り立つ

そして20年後、研究者となったわたしは、ハーレムの黒人文化も研究領域の一つとしています。2023年は、文献研究だけでなく、実際にハーレムに降り立って、歩きまわりました。母に連れられて行ったときとは違って、自分の足で立っていることに感無量

ホテルの近くにあった壁画。新しいものですが、黒人と白人の少年が肩を組み、下には「知識こそ力」と書かれていました

でした。ハーレムの治安はよく、住民同士のトラブルなどは目撃しませんでしたし、ゴミもあまり落ちていませんでした。

印象的だったのは、街のあちこちに露店の八百屋さんがあったことです。カラフルな野菜や果物がこぼれんばかりに積んでありました。また夏だったのでスイカもたくさんありました。アメリカではスイカは黒人が好む食べ物とされ、実際にその場でカットしてくれるキッチンカーもありました。日本のスイカとまったく同じ味で、わたしたちは「Brothers/Sisters」（同胞）だと感じました！　アメリカでのスイカには「切れば同じ赤い血が流れている」という意味が含まれる場合もあります。

音楽の街ハーレムには、心踊る壁画がたくさんあります

アートはすべての人に

わたしが研究しているのは、1930年代の世界大恐慌のときにハーレムに描かれた壁画についてです。当時アメリカ政府は、絵が売れなくなってしまった画家たちを雇い、裁判所や郵便局、病院など公共の場に絵を描かせました（連邦美術計画）。画家たちの裁量は大きく、基本的には彼ら彼女らが描きたいものを描くことができました。当時（今でもですが）、美術館に行くような習慣をもっているのはごくわずかな人々だったので、公共の場からすべての人に向けてアートを発信するという取り組みは、とても野心的でした。

この「アートはすべての人に開かれているべきだ」という考え方は、今の日本にとっても大きなインパクトをもっていると思います。

5-1

「はじまり」をたどる旅
今を生きる子どもたちと戦争

戦争と安全保障を「机上の空論」で語ってほしくない

「お母さんが子どものときは、お祭りの入り口に足のない兵隊さんがいて怖かったなあ」。わたしが地域の夏祭りに行くたびに、母はくり返し語りました。美術評論家の椹木野衣《さわらぎのい》さん（1962年生まれ）も、地域の祭りで目撃した傷痍軍人の足の断面について語っています（『戦争画とニッポン』会田 誠と共著、講談社、2015年）。つまり、わたしの母や椹木さんくらいの世代は、かろうじて戦争の生々しさにふれていた世代といえるでしょう。

わたしが子どもの頃は「戦後50年」と呼ばれ、過去に向かってじっと目を凝らせば、戦争が見えるような気がしていました。そして、8月になれば、おばあちゃんの話とともに終戦の安堵を味わっていました。しかし、わたしの子どもたちとなると、もうこの感情は共有されていないことに気がつきました。たしかに2000年代生まれの彼ら彼女らにとって第2次世界大戦は、わたしにとっての第1次世界大戦くらい遠いのです。やはり記憶の「風化」には抗えないのでしょうか。今はもう「戦後80年」に近づいています。戦争の生の記憶をもつ人が、いなくなってしまうのも時間の問題です。憲法9条は必要だという声は、戦争体験とその記憶に支えられてきました。わたしも、自分の子どもたちに「机上の空論」で安全保障を語ってほしくないと強く思っています。

現在、子どもたちの情報源はいうまでもなくインターネット（YouTubeやTikTok）です。中には、南方での飢餓と人食や、731部隊を描いたアニメなど、長いこと日本社会でタブーとされてきた内容もあります。ただし、子どもたちがこうした情報に接しているからといって、この国の行く末や自分の生き方と関連させて考えているとは限りません。むしろ単なる猟奇的な出来事として消費してしまっている可能性もあります。

実際にわたしの子どもたちに聞いたところ、やはり「8月6日」が何の日かも知りませんでした。機械的な暗記には意味はありませんが、日本史において8月が占める「重さ」をまったく知りません。いったいどこからアプローチすべきなのでしょうか。多くの子どもが戦争について知るきっかけをつくり続けてきた漫画『はだしのゲン』（全10巻、中沢啓治、汐文社）も、各地の学校図書館や公共図書館から撤去されてニュースになっていました。

そこでわたしは、子どもたち3人を連れて「玉砕の島」サイパン島とテニアン島を訪れることに決めました。これまではある程度は学校が「平和教育」をやってくれるという前提のようなものがありましたが、『はだしのゲン』でさえ図書館から撤去されるような世の中で、学校任せにもしていられません。家庭でどんなことができるか、考えるようになりました。

エノラ・ゲイ号の出発地テニアン島へ

一つは、広島・長崎を訪れることです。とはいえ、原爆をピンポイントにした旅行に思春期の子どもは乗ってくれません。そこで、もう一段階用意することにしました。広島原爆が米軍の戦闘機「B29（エノラ・ゲイ号）」から投下されていたことはよく知られています。しかし、そのB29はどこから来たのでしょうか。なんでも無人ドローンで運べる未来がすぐそこに来ている中で、子どもたちには「戦争のリアル」を考えてほしいと思い、エノラ・ゲイ号の出発地点であるアメリカ領テニアン島を訪れることにしました。

実は数年前にもこの企画を考えたのですが、Rくんがまだ幼かったことと、テニアン島はサイパン島からの乗り継ぎでしか行くことができず、移動費がかなり高額になるということであきらめていました。少しお金がたまった今、そしてギリギリ一緒に家族で海外旅行ができるタイミングということで2023年の夏、決行しました。サイパンは関西国際空港から直行便がないので、韓国仁川《インチョン》空港経由でとても時間がかかりました。

北マリアナ諸島に位置するサイパン島、そしてテニアン島は、戦前に多くの日本人移民が渡り、サトウキビ栽培に成功した地です。沖縄県民や朝鮮出身者も多く、生活が苦しかった人々が率先して渡っていきました。そもそもはドイツ領でしたが、第1次世界大戦後に日本の委任統治領となりました。日本軍の飛行場が建設されると、軍事拠点としての重要さを見抜いた米軍が上陸し、1944年6月には凄惨な地上戦が始まりました。そしてB29による日本爆撃の拠点となったのです。

わたしたちは、第2次世界大戦について学校で、空から「やってきた」事柄としての「空襲」と「原爆」を中心に習います。しかし、それはどこから飛んできたのでしょうか。誰が操縦したのでしょうか。そこまで学習が深められることはめったにありません。その点では、東京や大阪、神戸を燃やし尽くしたB29と、広島、長崎に原爆投下を行ったB29は、どちらもテニアンから飛び立っていたのです。日本の歴史にとって、あまりに、あまりに重い島です。

小6「歴史新聞」にも書いていたテニアン基地

実はわたしは子どもの頃から、エノラ・ゲイ号に興味をもっていました。小学6年生のときに社会の授業で「歴史新聞」を書くようになりました。わたしはそれにハマって、毎日のように放課後は市の図書館に通って、鉛筆の粉で手が真っ黒になるほど書きまくっていました。

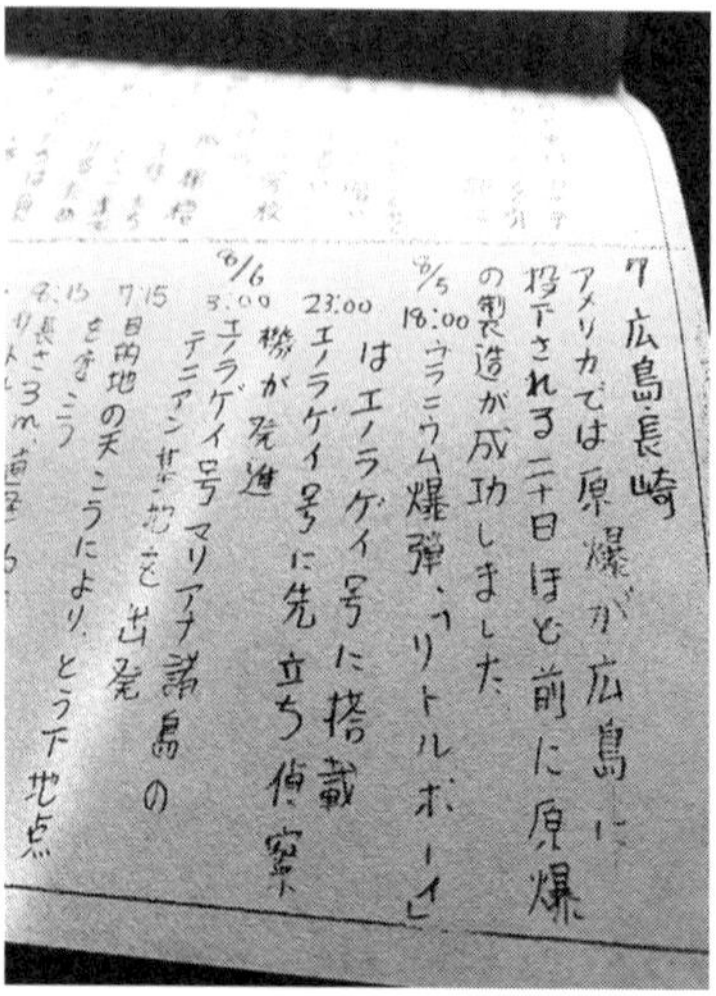
7 広島・長崎
アメリカでは原爆が広島に
投下される二十日ほど前に原爆
の製造が成功しました
8/5 18:00 ウラニウム爆弾、リトルボーイ
23:00 はエノラゲイ号に搭載
8/6 3:00 機が発進 エノラゲイ号に先立ち偵察
7:15 エノラゲイ号 マリアナ諸島の テニアン基地を出発

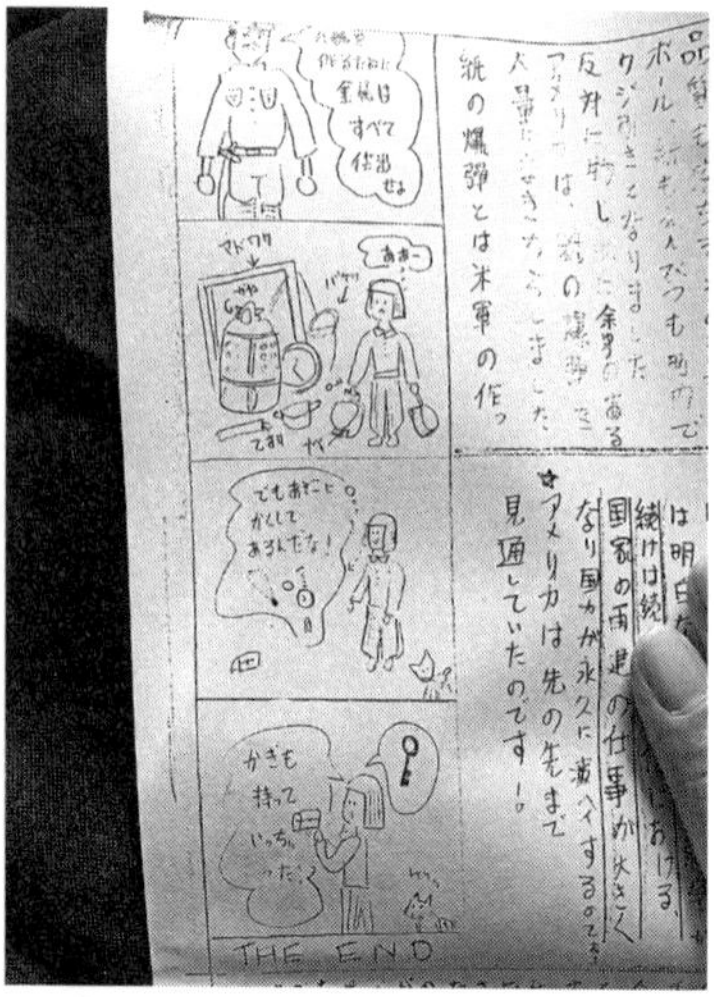
☆アメリカは先の先まで見通していたのです！

「黒い雨“原爆”新聞Ⅱ」の一部（残念ながらコピーしか残っていません）。
クラスメイトに親しみをもってもらおうと、４コマ漫画も載せていました

「黒い雨〝原爆〟新聞Ⅱ」（ⅠとⅡでセット）には、時系列でエノラ・ゲイ号の動きが書き込まれています。そこには「テニアン基地」の文字もありました。

この歴史新聞は古墳時代から始まり、各時代をA４判の用紙1枚にまとめて、クラスの壁に貼っていました。わたしだけ夢中になって、どんどん分厚くなっていきました。先生は毎回とてもていねいにコメントをくださり、それが励みになっていました。

小６だったわたしと、今のわたし——そっくりそのまま、おとなになったように思います。

ただただ美しく…しかし、細部に戦争の傷跡が宿る島

さて、テニアンに行くために、サイパンから小型機に乗りました。ここでは荷物検査はないですが、体重検査があります。乗客定員5人の小型機にバランスよく乗せるためにです。飛び立ってしばらくはガタガタ揺れ、「こんな乗り物、大丈夫か」という思いでしたが、すぐにテニアン島が見え、サンゴ礁の美しさに息を飲みました。何色とも言えない深い紺碧《こんぺき》。そして島は、一面の緑で埋め尽くされています。これは後でガイドさんの説明でわかったことですが、いたるところにある日本軍の死体を見たくないと考えた米軍が、「タガンタガン」という植物の種を空中散布した結果、現在も繁茂し続けているのだそうです。

テニアンを訪れて、わたしの中で軌道修正が生じたのは、子どもたちに戦争について語るとき、結論ありきで語ってはならないということです。「戦争の悲惨さ」を教えようと訪れたテニアンは、実際にはただただ美しい場所でした。しかし、その細部に戦争の痕跡が宿っていることをガイドのミホさんに教えられました。

コンクリートの気泡かと思いきや、銃撃の跡であること。海辺に落ちているガラス片は、戦前の日本人移民や戦後の米軍が使った瓶の破片であること。先に述べた植物、タガンタガンの目に余る生命力のこと。このようにまさに自分の手のひらに「誰かが生きた証」を乗せること

で、現実の美しさと戦争の悲惨さが、そっと結びつくようでした。

わたしにとって最も印象的だったのは、ガラス張りになっている広島原爆のピット（整備施設）の中に、どこからか鳩が入り込んで、骨だけを残して死んでいたことでした。平和の象徴である鳩がピットの中に閉じ込められて朽ちているようすは、米国の「核の傘」から抜け出そうとしない日本の姿にも重なりました。献花など何もなく、誰もおらず、ただただ広くござっぱりとした原爆搭載地点でした。ここから広島へと次の旅は始まります。

★テニアン島訪問については、さらに巻頭6・7ページをごらんください。

5-2

自由研究で掘り起こした身近な戦争

戦争の話を聞くことを嫌がる子どもは少なくないと思います。もちろん、つらくて、痛くて、悲しくて、酷いことだからです。しかしそれらを年齢や発達に応じて学んでいくことは、とても大切です。一つしかない地球を分け合う「地球市民」として、何を選び、どう生きていくかに直結するからです。

わたしは子どもに、どう嫌がられずに、家庭で戦争学習ができるか考えてきました。夏休みは、自由研究という枠の宿題があり、絶好の機会です。そこでわたしは子どもたちと次のような自由研究をやってきました。

Rくん…小学1年生（2020年）「せんそうのときのたべもの」

Uちゃん…小学4年生（2020年）「戦争の時のお話」

Kくん…小学6年生（2019年）「馬町《うままち》空襲が知られていなかった本当のわけ」

それぞれ、生活圏を出ずにできるもので、グロテスクな話は少なく、かつ戦争のリアルに迫ることを目指しました。

●Rくん…小学1年生（2020年）「せんそうのときのたべもの」

これはお姉ちゃんの自由研究を見ていて、強く影響を受けたものです。本当はまったく違うテーマのものを完成させていたのですが、Uちゃんのを見て、自分のが自由研究「らしく」ないと思ったようで、急きょ二つめの自由研究に取り組みました（巻頭3ページ参照）。

あとで紹介しますが、Uちゃんが曽祖父母に対して行ったインタビューでは、戦時中はとにかく食べ物がなかったという話になりました。そこで、大ヒット漫画『この世界の片隅に』（こうの史代、双葉社）の「すずさん」の生活をヒントに、当時の食べ物を再現してみることにしました。メニューは次の通りです。

・さつまいもの葉と茎…まず現代ではどこにも売っていないので、さつまいも農家さんを探すことから。幸い、わたしの恩師の家庭菜園にありました！　葉っぱを味噌《みそ》汁に、茎はきんぴらに。しかし、かんでもかんでも筋っぽく、繊維の塊を飲み込むハメに。

・うどん…小麦粉をこねて、寝かして、切って、茹《ゆ》でて。麺つゆではなくお醤油《しょうゆ》で食べました。おいしかったです！　一部は油で揚げてかりんとうに（ゼイタクか⁉）。

■せんそうのときのたべもの

さつまいものくきとはっぱ　　こむぎこのうどん　　げんまいのおかゆ

・玄米のおかゆ…典型的な戦時中の光景として、瓶に玄米を入れ、棒でついてみました。ところがいくらついても玄米のままで、何時間かついたくらいでは何も変わりませんでした。シロツメクサを具に入れましたが、苦いとRくんには不評。

味付けはわたしが担当しましたが、「味噌っていつもの量じゃ多いよね?」「きんぴらに油ってゼイタクすぎる?」など、なかなか当時の味付けにはなっていなかったと思います。Rくんにとっては、数年後まで「まずかった」と話すほどインパクトが残る自由研究でした。

●Uちゃん…小学4年生(2020年)「戦争の時のお話」

やりながら「これ、ママがやりたいんでしょ!」と言われてしまった研究。でも、こうした機会でなければできなかったことでした。まず、コロナ禍でどこにも帰省できないというところから、電話で「わたしの母方の祖父」(1931年生まれ)と「父方の祖母」(1934年生まれ)に話を聞いてみました。

親族の戦争体験って、聞いてはいけない気がずっとしていました。もしりっぱな軍国少年、軍国少女だったら、戦争に加担していたことになるし、自分がどう反応するか想像できなかったのです。

なので、間接的にひ孫に聞いてもらったといっても過言ではありません。2人とも喜んで話してくれて、当時子どもだった2人から見た戦争について聞くことができました。なお、2人は住んでいた場所は異なるものの空襲は受けておらず、戦争時の体験としては比較的穏やかなものでしたが、それでも戦争の無意味さを感じる結果となりました。

漫画の「すずさん」は、戦時中でも生活のあちこちで楽しみを見出していました（しかもそれがこれまでになかった戦争描写だと高く評価されました）。そこで、わたしたちも質問項目に「戦争のとき、好きだった食べ物は？」「どんな暇つぶしをしていましたか？」「子どものときの宝物は？」といったものを加えました。ところが、2人の回答は驚くほど似通っていたのです。端的にいえば「何もない」という回答だったのです。「ビー玉が宝物だった」くらいの回答を期待していたのですが、「ない」のひと言でした。

敗戦後にまず何をしたかという質問に対しても、「泣いた」とか「御真影を見つめた」といったものではなく、ドライな現実的な回答でした（「もらったタバコを吸った」「ぞうりを作った」）。これらの聞き取りによって、いかにわたしがドラマ的な戦争観しかもっていなかったか知りました。

わたしにとって戦争とは（本の）「学習」によってつながるものでしたが、初めて両方の祖父、祖母の戦争体験を聞くことができて、自分とかつての戦争がストレートにつながりました。子ども時代に虚無的な戦争を味わい、そこからの高度経済成長はいかに充実していたで

■戦争の時のお話

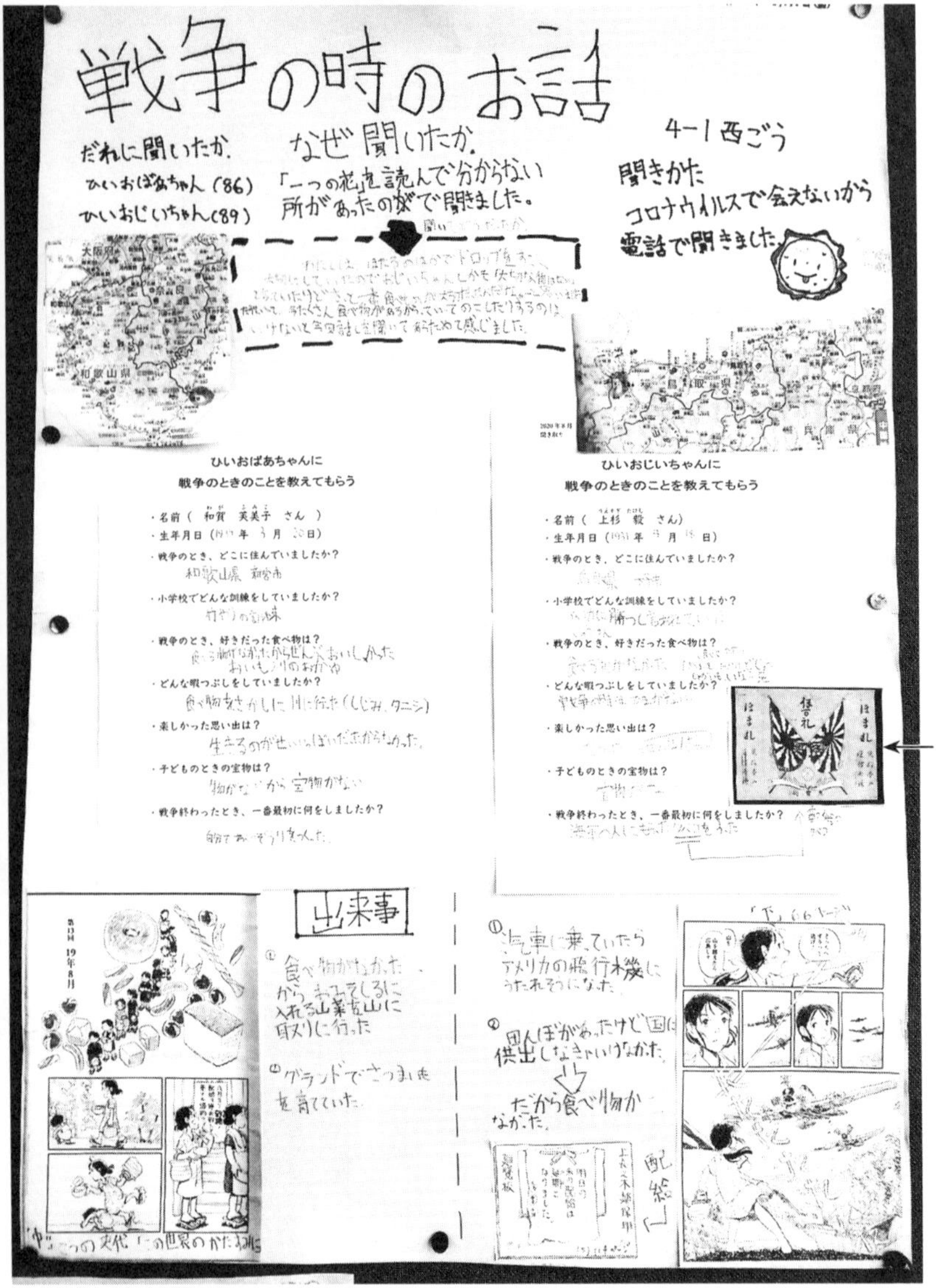

タバコ「ほまれ」

国語の教材「一つの花」では当時の生活に迫りきれなかったので、そこから問いを続けることにしましたしょうか。一生懸命働き、そのお金でわたしの父や母を育て、わたしにつながってくるのです。

敗戦の知らせを受けて、祖父の勤労先の海軍の人は、タバコをまだ14歳の祖父にくれたそうです。「やっと終わったな、一服やろうぜ」ということだったのでしょうか。そのタバコは「ほまれ（誉）」という名前だったそうです（右ページの自由研究に写真）。

●Kくん…小学6年生（2019年）「馬町《うままち》空襲が知られていなかった本当のわけ」

わが家では『京都新聞』を購読しているのですが、たまに京都での空襲についての報道があります。わたしは「馬町」（三十三間堂の近く）にも空襲があったことを知りました。京都というと、鎌倉と並んで、文化財保護のために空襲が行われなかったとされることがあります。地元の人には「アメリカ軍にさえ空襲させなかった文化財」という誇りがあるかもしれません。でもそれは本当ではありません。

京都では、馬町（1945年1月16日）、太秦《うずまさ》（4月16日）、西陣（6月26日）などの空襲がありました。ところが当時は報道が禁止され、詳しいことがわからないまま長い時間が経ちました。今でもインタビューを新聞に載せるのは、そのためなのです。

資料も少なく、まとまったものは数えるほどしかありません。せっかくなので、フィールド調査と、当時を知る人への聞き取り調査をすることにしました（アレンジはわたしがしました）。

「馬町空襲を語り継ぐ会」の酒谷義郎氏（1934年生まれ、当時貞教国民学校5年生）がお話をしてくださいました。本来であれば、学校単位でお話を聞くべきところを、わざわざわたしたちを快く迎えてくださいました。

酒谷さんが地震のような音で目覚めたのは、1945年1月16日深夜。ほんの向こうの町内で爆撃があっても、「憲兵」によって厳しい統制が行われ、近づくことができませんでした。酒谷さんは、東山の向こう側の山科が燃えていると思ったそうです。結局、被害を受けた人々にも箝口令《かんこうれい》がしかれ、戦後になっても誰が被害にあったのかはっきりしないままでした。被害が出たと知られると人々の士気が下がると考えられたそうです。

Kくんのメモにはこう残されています。

「ばくげきされた事を言ってはいけない。日本の名誉のため」

要するに「国体護持」とはこういうことなのですね。なぜ今になっても馬町空襲が知られていないのか、やっとわかりました。

また、酒谷さんの小学校生活についても聞きました。なんとB29の飛行音をレコードで聴いて、覚える時間まであったそうです。そして大半の子どもたちは、疎開させられていったそうです。そしてなんと…このレコードをお持ちの方が宇治にお住まいだということがわかり、2回目の聞き取り調査に出かけました。

馬町空襲の碑は、京都市立東山総合支援学校の校門を入って左手にあります。碑に刻まれている犠牲者の名前がほとんど女性なのは、男性は戦争に行っていたからだそうです。

岸博実さんは京都府立盲学校に長く勤め、目の見えない人々の教育に関する道具なども広く集めています。なぜその中に戦闘機の飛行音レコードがあるかというと、戦時中に目の見えない人の一部は、耳を使って敵機を聞き分ける「聴音兵」となることを目指していたそうなのです。レコードを流すと、戦闘機の名前が読み上げられた後に、ブィーンと鈍い音がしました（これらの戦闘機こそが、テニアン島から飛んできていたのです）。

こうして自由研究を利用しながら、いくつもの角度から、身近な戦争について掘り起こしてきました。戦争の味、戦争の気分、戦争の音…。それらは子どもたちの中に残ったでしょうか。紋切り型の善悪から話を始めるのではなく、戦争から遠ざかっているからこそ、戦争のリアルに迫りたいです。

5-3

子どもの興味には必ず応える

ほかのおとなの手も借りて

理不尽な場所としての学校

Rくんは白血病という、生きるか死ぬかの闘いを終えて、家に帰ってきました。体力がもどってから何回か学校には行ったものの、夏休み明けからプツッと行かなくなりました。教育学を研究してきたわたしにとって、学校は（問題がありながらも）人類の叡智が詰まった場所であり、そこに行かなくなるというのはどういうことになるのだろうと思いました。

ところが、本人は一貫して明るいので、「生きていること、元気でいることが一番だ」と思うようになりました。バリバリのガリ勉だったわたしにとって、Rくんの生き方は、ある意味で衝撃でした。わたしは学校制度を駆け上がっていくようにして、大学に入りました。ですので、学校制度から外れた生き方というものをほとんど見たことがなく、不登校の子どもの将来というものがうまく想像できません。しかし、彼の話を聞くうちに、学校制度そのものが子どもたちに合わなくなってきているのだということはわかりました。

まず、学ぶことが先に決まっていること。子どもたちの興味とは関係なくカリキュラムが組まれています。また、先生は基本的に1人でたくさんの子どもを教えます。当然、子どもたちは「まとまって」いなければ扱うことができません。まとまらせる中で、はみ出した子どもたちは叱られることになります。

Rくんの目にはそうした理不尽な場所として学校が映っているようでした。

学ぶということはなんだろう

しかし、いくら家にいるからといえ、わたしがドリルを教える気にはなりません。答えがあるものを教えようとすると、「どうしてわからないの!」という内なる叫びが出てきてしまうからです。そこで、学ぶということはなんだろう、という原点に立ちもどることにしました。

Rくんは入院中から物理や論理学に興味を示すようになりました。それは、口には出しませんが、病気と闘う方法だったのだと思います。まず、何よりも「無限」という概念が彼の心をとらえました。人間は無限に細胞分裂を続けることができないので、命を終えます。それに対して、機械の世界でなら「無限」に近いものが発明されてきました。それが「永久機関」です。外部からのエネルギー補給なしに、それ自体で動き続ける機械を生み出すことは人類の夢でした。

そんなロマンにふれることなく、ここまでやってきたわたしにとって、そんなことを考えている人たちがいることが驚きでした。ラッキーなことに今ではそうした内容のことも、YouTubeで簡単に見ることができます。Rくんはそうしてアイディアを膨らませていきました。

論理学というか、なぞなぞにハマったRくんに、若い主治医のN先生はいろいろと考えてくれました。その一つが「悪魔の存在証明」です。「ない」「いない」ことを証明するのは、何によって証明できるのかという手段がないので、きわめて困難です。いかなる珍獣でも、1匹いれば「いる」ことになるのですが、それが「いない」ことを証明するためには地球上（あるいは宇宙）をくまなく探索することになります。そんなことはできません。この「悪魔の存在証明」は、今Rくんが物理で考えている「無」の存在のベースになっています。

「無」は「有る」といえるのだろうか、というのもRくんの大きなテーマの一つです。ビッグバンによって宇宙ができた、ということは多くの人が知っています。しかし、ビッグバンはどこにあったのでしょう。ビッグバンの前が「無」だったのであれば、なぜ「無」がビッグバンを用意したのでしょう。

あ～～～もう、ぜんぜんわかりません!!

わからないことを大切にされる関係──「野外教師」から

こうしてRくんの問いがどんどん高度になっていくにつれ、わたしには答えることができなくなり、ヘルプが必要になりました。ちょうどそのころ、うってつけのイベントがあり、これまたラッキーな出会いが待ち受けていたのでした。百万遍とは、京大が面する大きな交差点ですが、その一角にちょっと変なカラオケ屋さん（ジャンジャーンカラ京大前店）があります。新規客の取り込みのためだと思いますが、なんと屋上BBQ飲食無料という日が宣伝され、わたしたちも行ってみることにしました。そこに集まっていたのはほとんど京大生でしたが、その人たちがRくんの話を一生懸命聞いてくれたのです！

「永久機関なんかないんだ！」と吐き捨てるRくんに、あるお兄さん（工学部）が優しく答えてくれました。永久機関を目指すことで、人類は数多くの発明を成し遂げたこと、物理モデルとしてはまだまだ考えるべきことがあること…。お兄さんの熱心さにふれ、帰り際には連絡先を交換し、早速翌週にはRくんへの「家庭教師」が始まりました！

しかし、わたしは「家庭教師」という言葉がもつ特権的な響きが好きではありません。また、週1の学習の場所も、時計台前のクスノキの下と決まったので、これは「野外教師」と呼ぶことにしました。誰もが集える京大時計台前で「野外教師」は行われます（巻頭2ページ参照）。

お兄さんの授業のない時間に30分だけ、Rくんが興味のある分野を教えてもらっています。30分だけというのがミソで、やはり物理学となると高校生レベルの内容なので、一気にたくさん学ぶことはできません。エッセンスを一つでももって帰れたら…の気持ちで続けています。

最初は「うん、うん…」とついていくのに必死だったRくんも、しだいに「それわからない」「これってこういうこと?」など疑問を口にできるようになりました。お兄さんはそのことも喜んでくれて、ますます説明のしがいがあるとのことでした。わからないことを喜んでもらえる、というのは、実は子どもにとっては貴重な体験です。なぜなら学校では「わかる」方が圧倒的によいとされるのですから。わからないことを大切にされる関係がRくんには心地よいようでした。

身近で考えて楽しいテーマを「自転車」で実践

毎回のテーマは、できるだけ身近にあるもので、かつ考えて楽しいものを選んでいます。たとえば「自転車」からは、いろんなテーマを取り出すことができました。Rくんは新品の自転車を買ったのですが、ギア付きで、その扱いについては自転車屋さんであれこれ言われたのでした。「こうするとギアが壊れてしまいます」などなど。

京都大学総合博物館の機械史コーナーで歯車の勉強をした後に、実際の自転車を見ると歯

京都大学総合博物館の機械史コーナー。さわって動きを確かめられます

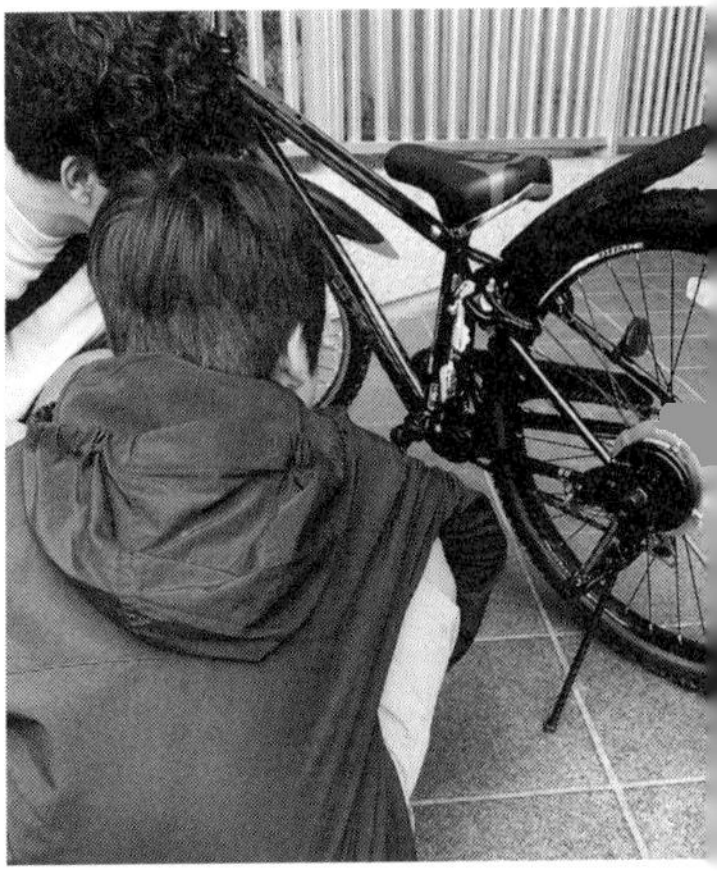
自転車のギアとライトの仕組みにも納得

車でいっぱいでした！　ギアとは、大きさの違う歯車に、チェーンを掛け替える作業であり、歯車は「かみ合うこと」が必要な部品であるからこそ、やってはいけない操作があるということがわかりました。「ダメです」ではなく、こういう仕組みだからこれはできない、という説明のほうが納得できますよね。

また、自転車のライトも、モーターという非常に複雑な仕組みを備えていることがわかりました。Rくんは、タイヤで擦るから熱が発生し、それが電気になるという仮説を立てていましたが、実際は熱エネルギーを電気エネルギーに変えるには半導体が必要だそうです。

このように、生活の中にすでに、たくさんの発明品が使われており、それらの中には物理法則に基づくさまざまな作用が働いているのです。なので「野外教師」から帰るときは、街の風景を見る自分の目が新しくなったように感じます。

歯車の話も、機械というよりも、人間同士の話のようだなぁと思って聞きました。かみ合うためには精密である必要があるけれど、かみ合うからこそ磨耗する、というのはまるで人間関係のようですよね。またかみ合うことによって他の用途はできなくなるというのも、議論がかみ合えばかみ合うほど他の人は入って来にくくなる、と市民運動のことを思い浮かべたりしました。

おとながキャッチし合って、あたためて、再度手渡す

こんなふうに物理っておもしろいのです！ でも、子どものうちから「文系／理系」に振り分けられてしまうと、多くの子は学ぶ機会がなくなってしまいます。Rくんのためにと考えた「野外教師」は、わたしにとっての「学びなおし」の場にもなっています。

子どもは本当にふと、物事への関心を示します。そのときにそれをキャッチして、一まわり膨らませて返すことができたら、それが学びになるのだと思います。子どもの関心ごとは、必ずしも学校で学ぶことばかりではありません。だからこそ、いろいろなおとなでキャッチし合って、あたためて、再度手渡したいです。

宇宙は子どもの手のひらに乗っているのですから。

子どもの声が響く町から

じゅうえんやの駄菓子を詰めた箱は、ふたを両側に開くと、さらに立体的に開きます（1ページ参照）。これはかつて裁縫箱として使われていたもので、子どもたちの前でパタパタと開くと、「わーっ！」と歓声が上がります。

わたしは約10円で仕入れてきたものを10円で売っているので、利益はゼロですが、子どものたちの笑顔とおしゃべりという、かけがえのない時間が生まれます。

この本も、じゅうえんやのお菓子箱のような本になりました。パタパタとページを開けば、家庭での小さな事柄から世界での学びまで広がっていきます。まさにじゅうえんやのお菓子のように、色とりどりのエピソードがぎっしり詰まっています。こんな形に仕上がったのは、編集担当の

三輪ほう子さん、デザイナーのコダシマアコさん、イラストレーターのすがわらけいこさんのおかげです。たいへんな作業を引き受けてくださり、本当にありがとうございました。校正の山田純子さんにもお世話になりました。

本書の多くの論考の初出となっているのは、朝日新聞の言論サイト『論座』です。その執筆を叱咤激励してくださった編集者の石川智也さんにも、お礼を申し上げます。

この本を出版することで、今の社会でのどこか息苦しい子育てに、気持ちのよい風の通る小さな穴を開けられたらと願っています。

デューイは、生活は教育であり、教育は民主主義であると主張しました。人間が生きるには、学ぶことが必要不可欠であり、学ぶためには人と人とのつながりが必要です。この考え方を研究の言葉にとどめるのではなく、実際に子育ての中で展開してみた記録が本書です。人は学ぶことで、少しだけ新しい自分になります。その新しい自分が、自分をより自由な場所へ連れて行ってくれるのです。子育てというのは、この成長が子どもと親の双方に起こる人生でも稀有《けう》な体験だと思います。

最後に、本書の主役でもある3人の子どもたちK、U、Rにも感謝を記します。

3人はとにかくお友だちに恵まれていて、「子どもは子どもたちの中で育つのだ」ということを教えてくれました。その「人が育つ」というあまりに貴重な日々をこの1冊に詰め込みました。みなさんの感想もお待ちしています。

2024年1月　きょうもにぎやかなわが家にて

西郷南海子

西郷南海子 ● さいごう・みなこ ――――― プロフィール

1987年生まれ、神奈川県鎌倉市育ち。県立湘南高等学校から京都大学法学部に入学するも、第1子の妊娠を機に、「もっと生の人間のことをやりたい」と考え、教育学部に転学部。アメリカの哲学者・教育学者ジョン・デューイを専門に研究を続け、博士号を取得（2020年）。博士論文の内容をより市民向けに著し、『デューイと「生活としての芸術」――戦間期アメリカの教育哲学と実践』として刊行（京都大学学術出版会、2022年）。現在、日本学術振興会特別研究員PD。

社会運動にも幅広く参加し、2015年には「安保関連法に反対するママの会」を立ち上げ、全国のママたちから寄せられた約2万件のメッセージを国会議員に届ける。このときの子どもとの会話は絵本『だれのこどももころさせない』（絵：浜田桂子、協力：安保関連法に反対するママの会、かもがわ出版、2017年）に。以降、市民が選挙に関わる方法について全国で講演多数。2023年より『子ども白書』（日本子どもを守る会編、かもがわ出版）［家庭領域］編集委員。

■写真提供：西郷南海子
●校正：山田純子

ママは駄菓子のじゅうえんや
子育てはおとなと子どもの民主主義の学校

2024年　2月14日　第1刷発行

著　者　　西郷南海子

発行者　　竹村正治
発行所　　株式会社　かもがわ出版
〒602-8119　京都市上京区堀川通出水西入
TEL 075-432-2868　　FAX 075-432-2869
振替　01010-5-12436
ホームページ http://www.kamogawa.co.jp
本文組版　株式会社フレックスアート
印刷所　　シナノ書籍印刷株式会社

ISBN 978-4-7803-1316-1 C0037